[そのまま使える]

英文ビジネス文書の書き方と活用文例セレクト109

永田浩子
[編著]

有賀メアリー
[英文監修]

取引や社内連絡、会議、交渉、
就職活動などさまざまな場面で活用自在

【本書に掲載されている主な文例】
- 注文の承認・確認
- 価格・条件の交渉
- 見積もり提示
- 紹介文
- 売り込み
- 出荷通知
- 送金通知
- 入金確認
- 業務提携文書
- 転載許可
- 支払催促
- クレームを述べる
- 回答書
- 謝罪
- 契約交渉
- 法的規制
- 予備的合意
- お知らせ
- あいさつ
- お祝い
- お見舞い
- お悔やみ
- 採用通知
- カバーレター
- 履歴書
- 警告書
- 議事録
- 指示書
- 提案書

契約書から各種取引文書、メール文、社内文書、履歴書まで。英文ビジネスレターの基本がしっかり身につく!

三修社

本書は『英文ビジネス文書の上手な書き方と実践文例104』(2004年　小社刊)に
大幅に加筆・訂正したものです。

> **本書に関するお問い合わせについて**
> 本書の内容に関するお問い合わせは、お手数ですが、小社
> あてに郵便・ファックス・メールでお願いします。
> なお、執筆者多忙により、回答に1週間から10日程度を
> 要する場合があります。あらかじめご了承ください。

はじめに

　今から10年以上も昔のことになりますが、アメリカに留学した頃、手紙ひとつ書くのにも形式がまったく異なり、戸惑った記憶があります。当時はまだ日本語で書かれた文献も少なく、情報を集めるのにも苦労しました。

　現在は、インターネットなどの発達によって情報量も増大し、海外とのやりとりも珍しくはなくなりました。会社レベル、個人レベルでのやりとりの量も昔とは比べものにはならないでしょう。このような時代には、海外の人たちとコミュニケーションをとる上でビジネス英語を修得することは必須になっています。

　ビジネス英語を修得するには、さまざまなビジネスマナーや語彙力、表現力を修得しなければなりません。残念ながら、英語を修得するだけでも一苦労なのに、さらに複雑なビジネス英語をいっぺんにマスターするのは至難の技といえるでしょう。

　けれども、海外とビジネスをするには、今すぐにでもビジネス英語を修得する必要があります。そういう方たちのために、本書では、ビジネス英語で必要な基本的なフォーマットを提供し、すぐにでも海外とのビジネス交渉を始められるようにしています。

　ビジネスの現場で使用される頻度の高いテーマを109例セレクトし、①ビジネス交渉、②契約締結、③依頼、案内、挨拶、お祝い、お礼、④報告、プレゼンテーション、会議、⑤就職・転職、のそれぞれのジャンルに分類し、英訳と和訳が見開き対象で見られるようになっているのが特徴です。

　読者の皆様が本書によって、ビジネスのやりとり、また個人的なやりとりにおいて、スムーズに海外の人々とコミュニケーションを図ることができれば幸いです。

　最後になりますが、本書の執筆にあたっては、有賀メアリー先生、須賀亜衣子氏に大変お世話になりました。この場をお借りしてお礼を申し上げます。

2011年1月　　永田浩子

Contents

はじめに

Part 1　ビジネス文書の基本を知っておこう

1　ビジネス文書の基本を知る	10
2　ビジネス文書の構成要素はどうなっているのか	15
Column　相手に伝わる文書を書くためには	20
3　文書の書き方にもコツがある	21
4　ビジネスEメールを作成するには	25
5　上手なビジネス交渉の仕方を知る	28
6　英文契約書の書き方	33
7　英文履歴書の書き方	37
8　国際郵便の出し方	40

Part 2　ビジネス交渉に役立つ文書

文例1　取引条件などの問い合わせをする	42
文例2　問い合わせへの返事をする	44
文例3　商品の注文をする	46
文例4　商品の注文の承認・確認をする	48
文例5　注文・引き合いを断る	50
Column　「同意しない」ときははっきり意思表示を！	51
文例6　価格・条件の交渉をする	52
Column　前言を撤回するときは相手が納得できるように話す	53
文例7　見積提示をする	54
文例8　法的規制の問題を確認する	56
文例9　商品の出荷通知をする	58
文例10　着荷通知をする	60
Column　相手が合意と矛盾する発言をしたときは…	61
文例11　経理担当責任者宛てに送金したことを通知する	62
文例12　担当者に入金を確認したことを通知する	64
文例13　支払いの催促をする①	66
Column　相手を非難するときは感情をぐっと抑えて！	67

文例14	支払いの催促をする②	68
文例15	出荷の遅れについて苦情を述べる	70
文例16	品違いについて苦情を述べる	72
Column	煮え切らない相手との上手な交渉術	73
文例17	不良品について苦情を述べる	74
文例18	請求ミスについて苦情を述べる	76
Column	ミスは、素早く積極的に処理する！	77
文例19	サービスの悪さについて苦情を述べる	78
文例20	こちらに責任がない場合の苦情処理	80
Column	謝罪を断固拒否することも必要な場合がある！	81
文例21	出荷の遅れについて謝罪する	82
文例22	品違いについて謝罪する	84
文例23	不良品について謝罪する	86
文例24	請求ミスについて謝罪する	88
文例25	サービス対応の悪かったことについて謝罪する	90
文例26	提携の申し出をする	92
文例27	提携の申し込みに対して回答する	94
Column	すぐに答えを出せない質問にどう答える？	95
文例28	提携の申し出を断る	96
Column	問題を先送りするときはストレートに話す！	97
文例29	予約をとる	98
Column	「条件つきの」回答をする場合には	99
文例30	予定の確認をする	100
Column	相手からの非難にはどう対応する？	101
文例31	予約を断る・延期する	102

Part 3　契約締結に役立つ文書

文例32	引き合い・見積もり依頼をする	104
文例33	契約交渉をする	106
文例34	口頭での合意内容を確認する	108
文例35	契約締結前の確認書をかわす	110
文例36	契約書に関するやりとりをする	112

文例37	簡単な契約書を作成する	114
Column	礼を欠いたりする可能性がある表現① I'm sorry	116

Part 4　依頼・案内・挨拶・お祝い・お礼のための文書

文例38	資料送付後のフォローアップをする	118
文例39	売り込みをする	120
文例40	売り込みに対して返答する	122
Column	礼を欠いたりする可能性がある表現② I ask you〜	123
文例41	ダイレクト・メールの案内文	124
文例42	キャンペーンの案内をする	126
文例43	新製品・サービスを紹介する	128
文例44	新しい顧客を歓迎する	130
文例45	見本市への出展依頼をする	132
文例46	講演の依頼をする	134
文例47	講演のお礼を述べる	136
文例48	取材の依頼をする	138
文例49	協力を求める	140
文例50	紹介を依頼する	142
文例51	知人を紹介する	144
文例52	転載許可を求める	146
文例53	転載許可を与える	148
文例54	転載許可を断る	150
文例55	値上げの案内をする	152
文例56	移転案内をする	154
文例57	支社・営業所・部署の開設案内をする	156
文例58	イベントの案内をする	158
文例59	見本市の案内をする	160
文例60	宿泊先手配を依頼する	162
Column	礼を欠いたりする可能性がある表現③ Please〜	163
文例61	宿泊先手配の済んだことを知らせる	164
Column	礼を欠いたりする可能性がある表現④ I want to〜	165
文例62	転勤・異動・退職の挨拶状を書く	166

Column 礼を欠いたりする可能性がある表現⑤　I need〜	167
文例63　着任の挨拶をする	168
文例64　昇進のお祝いを述べる	170
文例65　成功・受賞・合格のお祝いを述べる	171
文例66　サポートへのお礼を述べる	172
文例67　取引先を紹介してくれたお礼を述べる	174
文例68　海外でお世話になったお礼を述べる	176
文例69　社長宛てにお悔やみ状を送る	178
文例70　入院者宛てにお見舞い状を送る	180
Column 礼を欠いたりする可能性がある表現⑥　You'd better〜	182

Part 5　報告・プレゼンテーション・会議などの社内文書

文例71　許可を求める	184
Column　正式な文書はeメールで送付しないほうがよい	185
文例72　スケジュール調整・確認をする	186
文例73　資料の依頼・質問をする	188
文例74　資料送付・回答をする	190
文例75　資料送付が遅れることを連絡する	192
文例76　指示を与える	194
文例77　意思決定を伝える	196
文例78　提案する	198
文例79　相手を説得する	200
文例80　新製品について説明する	202
Column　注意したい差別表現①　敬称	203
文例81　現状・経過報告をする	204
文例82　売上報告をする	206
文例83　プロジェクトの遅れを報告する	208
文例84　会社の業績向上を報告する	210
文例85　提携のお知らせをする	212
文例86　買収・合併のお知らせをする	214
文例87　会議の通知をする	216
文例88　会議の要約をする	218

文例89	議事録を作成する	220
文例90	問題の解決を促す	222
文例91	注意する・忠告する	224
文例92	反論する・抗議する	226
文例93	問題社員に警告する	228
文例94	入社・転勤・異動のお知らせをする	230
文例95	業績をたたえる	232
Column	注意したい差別表現②　その他の差別表現	233
文例96	昇進を発表する	234
文例97	本人に昇進を伝える	236
Column	注意したい男女差別表現①	237
文例98	勤続功労をたたえる	238
Column	注意したい男女差別表現②	239
文例99	退職のお知らせをする	240
文例100	新入社員に歓迎の意を伝える	242
Column	注意したい男女差別表現③	243
文例101	締め切りなどを思い出させる	244

Part 6　就職・転職に使う文書

文例102	希望する企業に求職のメールを書く	246
文例103	応募者に対して回答する	248
Column	注意したい男女差別表現④	249
文例104	求職への返事をする	250
文例105	フォローアップのお礼を述べる	252
Column	注意したい男女差別表現⑤	253
文例106	応募を断る	254
文例107	採用通知をする	256
文例108	カバーレターを書く	258
文例109	履歴書を書く	260
Column	履歴書に記載しないほうがよい内容とは	263

編集協力　川内由紀子

ビジネス文書の基本を知っておこう

Part 1-1 ビジネス文書の基本を知る

📄 まずはフォーマットをおさえる

　数行の短い手紙をのぞいて、行間は空けずに段落と段落の間を1行空けます。行の数が少ない場合は、行間を1行分とり、段落の間は2行空きにします。読みやすく、プロフェッショナルに見えるように各自調整しましょう。

　現在のビジネス文書の様式は、①フルブロックスタイル（Full Block Style）、②セミブロックスタイル（Semi Block Style）、③セミインデントスタイル（Semi Indented Style）の大きく3つに分けられます。もともとインデントスタイルをとるイギリス方式が主流でしたが、その後、タイピングに簡易なブロックスタイルのアメリカ方式が出てきました。どの様式にしてもよいでしょう。最近よく使われているのは、フルブロックスタイル、セミブロックスタイルの様式です。

　以下、順にみていくことにしましょう。

①フルブロックスタイル（Full Block Style）
　日付も住所もすべてを左寄せにします。本文の段落のはじまりも、左端から書き出します。

②セミブロックスタイル（Semi Block Style）
　基本的にフルブロックスタイルと同じ左寄りですが、日付、結辞、署名が右寄りになります。結辞と署名の書き出しの位置はそろえます。

③セミインデントスタイル（Semi Indented Style）
　基本的にセミブロックスタイルと同じですが、本文の各段落の書き出し部分を5文字程度インデント（字下げ）します。

📄 ファックスの表紙（カバーレター）について

　ＦＡＸを送る場合の書式には特に決まった形式はありませんが、ビジネス文書と同様に会社のレターヘッドが入ったカバーシート（送信表）をつけることもあります（次ページ参照）。カバーシートを使う場合は、必要な項目はすでに書き入れられているので、メッセージを書き入れるだけでできます。

　ファックスのほうが、当然相手に届くのが速いと言えますが、フォーマルな招待状やお礼・お悔やみなどの手紙は、ファックスではなく、郵送したほうがよいでしょう。

　送信用紙は、会社に定型のものがあればそれを使いますが、もし定型様式がない場合には、以下を明記します。

・受信者
・受信者の連絡先
・送信者
・送信者のファックス番号
・日付
・表題
・送信枚数

■基本フォーマット

（フルブロック・スタイル）

```
            THE JAPAN CORPORATION
         1-1-1 Roppongi, Minato-ku, Tokyo 111-0000
    Phone (03)5666-6666 Fax (03)5666-7777 E-mail:aaa@abc.co.jp

March 5, 2011

George Smith
ABC Corporation Group
159 Lincoln St.
Carson, CA15235

Dear Mr. Smith:

Subject: ○○○○○○○

○○○○○○○○○○○○○○○○○○○○○○
○○○○○○○○○○○○○○○○○○○○○○
○○○○○○○○○○○○○○○○○○○○○○

○○○○○○○○○○○○○○○○○○○○○○
○○○○○○○○○○○○○○○○○○○○○○
○○○○○○○○○○○○○○○○○○○○○○

Very Truly yours,

Atsuko Saito
General Manager
```

（セミブロック・スタイル）

```
            THE JAPAN CORPORATION
         1-1-1 Roppongi, Minato-ku, Tokyo 111-0000
    Phone (03)5666-6666 Fax (03)5666-7777 E-mail:aaa@abc.co.jp
                                            March 5, 2011

George Smith
ABC Corporation Group
159 Lincoln St.
Carson, CA15235

Dear Mr. Smith:

Subject: ○○○○○○○

○○○○○○○○○○○○○○○○○○○○○○
○○○○○○○○○○○○○○○○○○○○○○
○○○○○○○○○○○○○○○○○○○○○○

○○○○○○○○○○○○○○○○○○○○○○
○○○○○○○○○○○○○○○○○○○○○○
○○○○○○○○○○○○○○○○○○○○○○

                                  Truly yours,

                                  Atsuko Saito
                                  General Manager
Encl.
CC:
```

（セミインデント・スタイル）

```
            THE JAPAN CORPORATION
         1-1-1 Roppongi, Minato-ku, Tokyo 111-0000
    Phone (03)5666-6666 Fax (03)5666-7777 E-mail:aaa@abc.co.jp
                                            March 5, 2011

George Smith
George Smith
ABC Corporation Group
159 Lincoln St.
Carson, CA15235

Dear Mr. Smith:

Subject: ○○○○○○○

○○○○○○○○○○○○○○○○○○○○○○
○○○○○○○○○○○○○○○○○○○○○○
○○○○○○○○○○○○○○○○○○○○○○

○○○○○○○○○○○○○○○○○○○○○○
○○○○○○○○○○○○○○○○○○○○○○
○○○○○○○○○○○○○○○○○○○○○○

                                  Truly yours,

                                  Atsuko Saito
                                  General Manager
Encl.
CC:
AS:ns
```

Part 1　ビジネス文書の基本を知っておこう

下記のサンプル例は社内メモ（14ページ）と似ています。

なお、ファックスは不特定多数の人間に見られたり、送信ミスなどの可能性があったりするので、機密性の高い文書を送るのはおすすめしません。やむをえず送るときは、下記のような文を書き添えてもよいでしょう。

（英文例）

> Please note: The information contained in this facsimile message is privileged or confidential. If you have received this facsimile in error, please notify us by telephone at the above number (call collect) and return the original to us at the above address by mail.

（訳）

> お願い：このファックスに書かれた情報は秘密情報が含まれております。もし、こちらのファックスが間違えて送られてきた際は、大変お手数ですが、上記の番号にコレクトコールでお電話くださるか、上記の住所に郵便にて現物をお送りくださるようよろしくお願い致します。

文例　カバーレター（表紙）

```
FAX TRANSMISSION

Date: April 15, 2011
To: Mike Gordon, Sales Division
From: Atsuko Saito
CC: Richard Brown, Sales Manager
    Julie Saeki, Purchasing Manager
Subject: Agenda for May 2 meeting

Number of pages including this one: 2
```

☐ URGENT ☐ For Review ☐ Pls Comment ☐ Pls Reply ☐ Pls Forward to
= =

THE JAPAN CORPORATION

1-1-1 Roppongi, Minato-ku, Tokyo 111-0000

Phone (03)5666-6666 Fax (03)5666-7777 E-mail:aaa@abc.co.jp

FAX COVER SHEET

TO: Mike Gordon
FAX NO.: 1-234-567-8900
FROM: Atsuko Saito
DATE: April 18, 2011
RE: Packing List

Page(s) including this cover sheet: 2

MESSAGE

Attached is the packing list. If you have any questions, please contact us anytime. Thank you.

Best regards,

Atsuko Saito
CC: Richard Brown, Sales Manager

社内メモについて

　社内メモとは、社内での連絡に使用される文書のことです。社内用ですので、丁寧な表現やあいさつなどは除き、簡潔で必要な事柄だけを書けばよいでしょう。

　基本的には以下の項目を記載します。
・受信者
・送信者
・日付
・件名

　同じメモを他の社員に送る場合は、CC: として後に名前を入れます。また、複数の社員に回覧する場合は、Copies to: として社員名を入れます。読んだ後に確認のため、自分のイニシャルを入れたり、自分の名前を線で消したりします。

　社内メモでは、署名の代わりに、From のところにイニシャルを書き込むのが一般的ですが、手紙のように、本文の後に署名をするスタイルもあります。

　社員全員や部署全員に宛てて書くときは、宛名を次のようにします。
TO: All EMPLOYEES（全社員へ）
TO: Front Desk Staff（フロントデスクスタッフへ）

■社内メモのサンプル

```
MEMORANDUM

To: James Morris
From: Atsuko Saito      AS
Date:  April 18, 2011
Re: Next business trip

　（本文）


Copies to Yasushi Okazaki, Tomoko Ota, Naoko Endo
```

Part 1-2 ビジネス文書の構成要素はどうなっているのか

必要事項をきちんとおさえる

ビジネス文書は通常以下の項目により構成されています。

①レターヘッド

　自分の会社名（ロゴ）、住所、電話、ファックス番号、e-mailアドレスを記載します。通常はこれらのレターヘッドが書かれた便せんを使用します。レターヘッドが書かれた便せんがない場合は自分で記入します。正式には住所を2行、日付を1行にまとめることになっています。

　また、フルブロックスタイルの場合は左寄せにし、その他のセミブロックスタイル、セミインデントスタイルは、右寄せにします（11ページ参照）。

（例）

THE JAPAN CORPORATION
1-1-1 Roppongi, Minato-ku, Tokyo 111-0000
Phone（03）5666-6666　Fax（03）5666-7777　E-mail: aaa@abc.co.jp

②発信した日時

　表示方法は2通り①アメリカ式（April 5, 2011）、②イギリス式（5th April, 2011）があります。また、略式については、アメリカ式は4/5/2011で、イギリス式は5/4/2011と違った意味になり、まちがえやすいので、面倒でも月名を必ずつづるようにしましょう。

（例）

アメリカ式　March 6, 2011 → 略式　3/6/2011
イギリス式　6th March, 2011 → 略式　6/3/2011

③参照番号など

　相手の参照番号（Reference No.）などがある場合、また添付の請求書などがあるときは、その番号を日付の次に記入します。

(例)

Ref: #12345（参照：番号 12345）

Reference: Invoice #12345（参照：請求書番号 12345）

Our Reference: 12345（当社参照番号：12345）

Ref: Your Order #12345（参照：御社注文番号 12345）など

　書留郵便の場合は、REGISTERED MAIL として、その番号を入れます。親展の手紙の際は、Personal, Confidential または、Personal and Confidential と記入します。

④宛名

　相手の名前・住所・肩書（肩書きが短いときは同じ行に入れる）、住所の順で記入します。アメリカ式では、名前の前に Mr. や Ms. をつけない場合も多く、非礼にはなりません。

(例)

George Smith, Sales Manager

ABC Corporation Group

159 Lincoln St.

Carson, CA15235

　相手が医師あるいは博士号をもっている場合には、名前の前に Dr をつけるか、名前の後に M.D.（相手が医者の場合）か Ph.D をつけましょう。両方はつけないので、気をつけましょう。

(例)

Dr. James Morris

James Morris, Ph.D.

（悪い例）Dr. James Morris, Ph.D.

　なお男性の敬称で、一般的に社会的地位が高いと考えられる職業の人に使われる Esq.（Esquire）（George Smith, Esq. など）がありますが、これはよほどフォーマルな場合以外は使用されていません。

⑤アテンション（Attention）

　担当者の氏名がわからないときは、氏名の代わりに部署名や役職名などを明

記することで受取人を特定します。その際は、Attention: や Attn: の後に部署名、役職名を入れます。
(例)
Attention: The Import Department
Attn: The Purchasing Manager

⑥主題（Subject）
　主題は、入れても入れなくてもかまいませんが、何に関する手紙なのか一目でわかるようにするためのものなので、相手の立場からすると、あったほうが親切といえます。社内メモなどには必ず書くようにしましょう。アンダーラインなどを引いて、目立たせるようにしてもよいでしょう。書くときは、Subject: または Re: の後に主題を入れます。場所は敬称の下に1行空けます。
(例)
Subject: June 4 meeting （次回会議予定について）
Re: Sales Campaign （セールスキャンペーンについて）

⑦本文
　基本的に1ページに手紙が収まるように書きます。段落（パラグラフ）の数は3つから4つくらいにするのが見やすい適当な形といえるでしょう。

⑧署名
　結辞の始まりとそろえてすぐその下に自筆で書きます。署名の下には、名前、肩書きをタイプしますが、肩書きが短い場合は名前のすぐ後に、長い場合は次の行に書きます。
(例)
（手書き）Atsuko Saito, Manager
（手書き）Atsuko Saito, General Manager
Marketing Department

⑨敬辞・結辞
　これらは、相手との関係により変わってきます。次の表は①から④へいくほ

どフォーマルの度合いが低くなります。Eメールでは、③の表現が頻繁に使われています。④は友だちと呼べるほどの関係であれば使えます。

敬　　辞	アメリカ式結辞	ヨーロッパ式結辞
①Dear Ladies and Gentleman Dear Sir or Madam	Respectfully yours Faithfully yours	Yours respectfully Yours faithfully
②Dear Mr. Gordon Dear Dr. Morris	Sincerely yours Truly yours	Yours sincerely Yours truly
③Dear Julie Dear Michael	Best regards　　Regards With best regards	Sincerely Best wishes Warm regards
④Hello, Michael Hi, Julie	Take care. Bye for now.	Cheers! Cheerio

⑩その他

　手紙の差出人（署名者）とは別の人が手紙をタイプしたときは、タイピストのイニシャルを最後に書き込みます。通常は署名者とタイピストのイニシャルを入れますが、最近ではタイピストのイニシャルだけを記入することもあります。最初に署名者のイニシャルを大文字でタイプし、コロン（:）やスラッシュ（/）のあと、タイピストのイニシャルを記載します。署名者自身がタイプした場合は、記載する必要はありません。

　もし、署名者と文章を執筆した人とタイプした人が違う場合は、署名者：執筆者：タイピストの順で記載します。

（例）
署名者のイニシャル MA、タイピストのイニシャル IS の場合
MA:is
MA/is
MA:IS
IS

⑪同封物・添付物

　同封物がある場合は、署名またはイニシャルの下に Enc./Enclosure/Encl. と表し、そのうしろにコロン（：）をつけて同封物を明記します。添付物は Attachment/Attach./ と表します。同封物、添付物の内容がわかりきっている場合、その数量だけを書くときもあります。

（例）
Encl: 1 Our Catalog （同封物：当社カタログ一冊）
Enclosure: 2 Price Lists （同封物：価格表 2 枚）
Encl.: 2
Attachment （3）

⑫ CC, BCC

　cc/CC はもともとカーボン・コピー（Carbon Copy）をとっていたときの名残で、現在では、コピーの意味で使われ、手紙のコピーを送る人の名前を明記します。BCC（Blind Carbon Copy）は、無記名のコピーのことで、手紙の受取人に、他の人にもコピーを送ったことを知らせたくない場合に使われます。

（例）
CC: Mike Morris
BCC: Sachiko Yamada, Ryota Osaki
Copy to Dr. Masaki Ito

⑬追伸

　日本語の追伸 Postscript の略で、書き忘れた内容や、特に重要な点を強調するために使われます。また、手紙にパーソナル感を出したいときに使われることもあります。しかし、正式なビジネス文書であまり頻繁に使うと準備不足の印象を与えるため、気をつけたほうがよいでしょう。追伸ですから、あまり長くならないように、1～2 行にとどめるべきでしょう。

（例）
PS: I'd like to have lunch again with you on my next business trip.
（追伸：次回出張の際は、また昼食をご一緒したいです）
PS: This sale ends at the end of this week. Check our Web site!

(このセールは今週末に終わります。我々のサイトをチェックしてください)

⑭ページを変えるとき
　ビジネス文書は特に簡潔な文章を書くように注意を払うべきであり、なるべく1ページですませます。2ページ目に署名欄だけになるなど、数行出てしまう程度なら、余白や行間を調節し1ページに収めるようにしましょう。
　もし、2ページ以上の手紙になった場合は、必ず1ページ目と同じ紙質の無地の用紙を使用し、上から2〜3センチあけたところに相手の名前、ページ番号、日付を入れます。本文は、その3〜4行下から書きはじめます。
（例）
Yoko Sasaki　　　　　　-2-　　　　　　May 15, 2011

Yoko Sasaki
Page 2
May 15, 2011

Column　相手に伝わる文書を書くためには

　英文の手紙や報告書、文書を書くにあたって大切なことは伝えたいことを効果的に伝えることです。書き手としては伝えることを伝えたつもりであっても、受け取った相手の誤解を招いたり、関係に悪影響を与えたりすることもあるため、文章表現に気をつけなければなりません。
　まず、記載する内容を整理することです。伝えたい内容を明確に書くためには余計なことや重要な意味をもたないことを書くべきではありません。
　書く内容が決まったら明快な表現で簡潔に記載します。
　文章表現については、無遠慮でなれなれしい表現はビジネス文書としてふさわしくないですが、友好関係を築いていくためには厳格できまじめすぎる表現も避けた方がよいでしょう。礼儀正しさと相手方への好意を忘れずに文章を組み立てていくことが大切です。
　文書で使うべき具体的な表現については、Part 2以降で掲載している文例や「Useful expressions」を参考にしてください。

Part 1-3 文書の書き方にもコツがある

📄 説得力のある手紙の書き方

　日本語の手紙でも言えることですが、相手を説得する効果的な手紙を書くためには、書きはじめる前に、以下の点を明確にする必要があります。
・手紙の主旨
・手紙を送る相手
・理由
・相手への要望
　これらを明確にしたうえで、書きはじめます。

①効果的な手紙の組み立て方
　相手に説得をする手紙のポイントとして以下のことを覚えておきましょう。
・悪い知らせの前に良い知らせを書く
・説明の前に回答、結論を書く
・詳細の前に概要を書く
・具体的事項の前に一般的事項を書く

②説得の仕方
　日本では、説得する際に相手の情に訴える方法が使われることがありますが、欧米人にとってこの方法はあまり効果がありません。まわりくどくて何を言っているのかよくわからない、という声をよく聞きます。論理的、合理的な内容の説明の方がはるかに効果的といえます。

③箇条書きにする
　箇条書きにする際は、スタイルを統一させたほうがすっきり見えます。たとえば、
Evaluation of XXX Machine（XXX 機評価）
Data Analysis（データ分析）

とここまで書いたら、次に
Submit a report（レポートを提出する）
と形を変えてしまわずに、
Submission of a report（レポート提出）
のように形を統一するのです。

また、現状報告などをしたいときは、「これはやった」、「あれはやっていない」などと書き連ねるよりは、以下のようになります。
Work Completed（完了作業）
Current Status（現状）
Future Work（今後作業）
このように整理して書くと読みやすい文章になります。

簡潔でインパクトのある手紙を書くコツ

簡潔でインパクトのある手紙を書くには、前の項目で説明したように、やはり頭の中で整理をしてから、書き出すことが重要です。だらだらと思い浮かべるままに書いていると、どうしても長くなりがちで、相手にインパクトを与えることができません。

構造上の大まかなポイントとして、
- はじめに主旨を書く。
- それぞれの段落を短く、見やすいようにする。
- 箇条書きを使う。

があります。

それぞれの段落には基本的に以下のような内容を書くと、明瞭で簡潔な手紙となります。

パラグラフ１

用件、結論など手紙の主旨を明瞭かつ簡潔に述べます。日本の手紙であるような、「貴社には益々ご清栄のことと・・」などのような表現は不要です。また、他社から紹介を受けて初めて手紙を書く際などは、この段落で、手紙を書くまでに至った経緯を説明します。

パラグラフ2
その用件・結論の根拠、内容、詳細を記入します（パラグラフ1で主旨を書けなかった場合はここで書きます）。

パラグラフ3
引き続き根拠、内容、詳細を記入します。

パラグラフ4
結びを書きます。

日本語では、最初にいろいろな理由や根拠を書き、最後に結論を書くことが多いですが、英文のビジネス文書でははじめに主旨を書きます。決してだらだらと長い文章にならないよう簡潔にまとめるように心がけましょう。

内容的に気をつけるポイント

①ポジティブな表現を使う

not, fail, wrong, never を使うとネガティブな印象を与え、また、強い口調になります。あまり多用しないように気をつけましょう。

また、ポジティブな表現を使うことで、「できない」「していない」ことよりも、「できること」「すること」を強調します。謝罪のときも、謝るだけでなく問題解決や償いに何をするのか具体的行動に焦点を絞ります。

以下の2つの文を比べてみましょう。

I can't send them by next Friday.
（来週金曜日までに送れそうにありません）
You will receive them around March 12.
（3月12日頃お送りします）

2つの文では、下の方がポジティブな印象を与えることがよくわかると思います。もし、「来週金曜日まで送れるのか」という質問の答えとしてなら上の文も使えますが、そのときでもその文の後に、「何日には届くでしょう」とくることでかなり印象を変えることができます。

（例）
I'm sorry that we can't send them by Friday, but we'll send them on Monday, so you will receive them around March 12.

② We だけで文章をはじめないこと

　手紙を一通り書き終えた後、読み返してみることが大切です。あまりに I や We から始める文章が多いと、自分本位な感じを与えます。「自分がこうした、ああした」というよりも「そのことにより相手がどうなるか」といった文書を書いていくと、「相手」の立場に立っている印象を与える事ができます。

　以下の文で比べてみましょう。

We'll get you 50 samples by the end of next week.
（来週終わりまでに 50 サンプルをお渡しします）
You will get 50 samples by the end of next week.
（来週終わりまでに 50 サンプルを受け取れます）

　下の文では、相手の状況を説明することで、相手の立場に立った文章になっています。しかし、あくまでも効果的に使用することがねらいです。

③ 相手が回答しやすいような文章を書く

　相手から回答がほしいときには、先方が返事をしやすいように、「要望は何か」「何をいつまでにほしいのか」など明確に、具体的に理由も交えて述べることが必要です。

　たとえば、レポートをなるべく早く欲しいときには、ただ「できるだけ早く」とはせずに、

I'd like to get your report on the project by next week since we are going to discuss the project at our May 10 meeting.
（5 月 10 日の会議にてプロジェクトについての議論を行なう予定なので、来週までにあなたのリポートが欲しいのです）

　のように具体的に期日、理由を明記することで相手の注意をより引くことができます。

Part 1 - 4 ビジネスEメールを作成するには

📄 Header（ヘッダー）の書き方

　一般的にEメールの書式は、基本的にヘッダー部分と本文部分からなります。ヘッダー部分は通常下記のような構成になっています。

From（送信者）
　自分のアドレスで、Date（日付）と共に自動的に表示されます。

To（宛先）
　受信者のアドレスを記入します。

CC:（本メールの写しの送り先）
　そのメールの写しを送る際、そのアドレスをこの後に記入します。

BCC:（無記名コピー）
　受信者に知られずに写しを送る際、そのアドレスをこの後に記入します。

Subject（件名）Re:（返信の場合）
　件名は相手にメッセージの内容を知らせるためのもので、簡潔にわかりやすく書かなければなりません。相手に興味を持ってもらえるようにわかりやすく、しかもインパクトがあり、的確に伝えるような題をつけることが大切です。

📄 Body（本文）の書き方

　形式はフォーマットの項（10ページ）で説明したフルブロック形式が一般的です。レター作成の際の注意と違うところは以下の通りです。

①できるだけ1パラグラフにまとめる

　Eメール（特にビジネスメール）は簡潔に用件を伝えるものが好まれるため、できるだけ1つの段落で収まるようにまとめます。まとまらなかったときも、1つの段落は2～3センテンスにすることが、相手が読みやすいようにするための心配りといえるでしょう。

②各行を画面中央あたりで折り返す

　Eメールは画面全体を表示して読ませるものでなく、画面の中央部あたりで折り返して次の行へ移るのが相手が読みやすくするためのルールといえます。

③敬辞、結辞は簡単なものでも大丈夫

　元来Eメールでは敬辞、結辞は不要とされていましたが、やはりビジネスの世界ではあったほうがよいでしょう。ただ、あまり丁寧な結辞を使うと、ぎこちなくなってしまうのもEメールの特徴といえます。Dearという呼びかけ、Best regardsやRegardsなどが頻繁に使われているようです。

文例Eメールのサンプル

　以下は東京支社の山田さんが、本社にいるMichaelに最新カタログの送付を依頼するメールです。

宛先：Toshiki Yamada（自動的に表示されている）
送信者：Michael Grant
CC：James Richardson
件名：Request for Latest Catalog
==
Dear Michael,

I would like you to send our latest catalog of the XXX series to my office in Tokyo.

The address is as follows:
Toshiki Yamada
Marketing Division
The Japan Corporation
1-1-1 Roppongi, Minato-ku, Tokyo 111-0000
Phone (03)5666-6666 Fax (03)5666-7777
Thank you for your cooperation.

Best regards,
Toshiki Yamada

Eメールに使われる頭字語

以下は比較的よく使われる頭字語です。

approx. = approximately　ほぼ、だいたい
ASAP = as soon as possible　至急
BFN = by for now　後でまた
BRB = be right back　また連絡します
BTW = by the way　ところで
CUL = see you later　またね
EZ = easy　簡単
F2F = face to face　直接会って
FAQ = frequently asked question　よくある質問
FYI = for your information　ご参考までに
FWIW = for what it's worth　（本当のところはわからないが）一応
IM(C)O = in my (considered) opinion　私が思うには
IOW = in other words　言い換えると、つまり
J/K = just kidding　冗談です
NRN = no response needed　返信は不要
PLS = please　お願いします
RSVP = respondez s'il vous plait（仏語）　お返事ください
S/P = so to speak　言うなれば
TBD = to be decided　後日決定予定
TIA = thanks in advance　お世話になります。よろしく
TNX = thanks　ありがとう
TTYL = talk to you later　また連絡します
WRT = with regard to　〜に関しては

Part 1-5 上手なビジネス交渉の仕方を知る

交渉はビジネスの中核である

通常、交渉という言葉は英語でnegotiationと訳されます。映画などで「ネゴシエーター（交渉人）」という言葉を聞いたことがある人もいると思いますが、このような場合の多くは、誘拐事件などの犯罪者と直接接触して言葉たくみに事件解決をはかる専門家として登場しているようです。また、一般の場面でもたとえば交通事故の示談交渉などの場合に交渉を有利に進められるのは、話術や専門知識に長けた弁護士や保険会社の社員であったりするので、交渉＝言葉での駆け引き、一部の特殊な能力を持った人が行うべきもの、という印象を強く持っている人も多いでしょう。

ただ、英語のnegotiationには駆け引きという意味だけでなく、合意のための話し合いの場そのものという意味が含まれています。つまり、利益を上げるために取引先と折衝を行うことが中心となるビジネスの場面では、negotiationは欠かせないものであり、中核をなすものであると言えます。

このことは、大企業で数億円単位の契約を交わす場合でも、個人商店で個人の消費者相手に商品を販売する場合でも同様です。さらに、同じ企業内でも仕事の配分を交渉したり、社員の配属を交渉したりすることはあります。仕事をスムーズに進めたり、一定以上の成果を上げるためには、交渉能力の向上を図ることが不可欠であると言えるでしょう。

日本の交渉と他国の交渉戦術は違う

日本人同士が何らかの取引の契約交渉をする場合、内容の合意は事前になされていて、代表者の署名押印は儀式的に行われるということも多いようです。これは、もちろんその段階に行く前に下準備としての交渉があり、必要事項を定めているからできることなのですが、その下準備の交渉でさえ、部課長などの役職者が表に出てくる前に直接の担当者同士で双方の条件のすりあわせをするなど根回しをした上で行われるといった方法がとられるのが一般的です。

これは、多くの日本人が公式の場での交渉を争いなくスムーズに進めることを美徳としていることから来る交渉のスタイルです。
　ところが、国際的な取引の場面では事前交渉の内容を簡単に反故にしたり、代表者も出席しているような公式の交渉の場面でもけんか腰でやりとりをする、急に席を立つ、机をたたくなど激しい態度をとることも珍しくありません。また逆に、大変親しげに、フランクに話を進めることもあります。日本人はその時点でその相手との交渉に及び腰になってしまったり、安易に相手の望む条件を受け入れてしまったりすることもありますが、彼らのそのような態度の多くは交渉を有利に進めるための作戦であり、交渉術の一つなのです。つまり、日本人が交渉の場を、「ともに種をまき、世話をして育てる畑のようなもの」だと考えているのに対し、多くの外国人は、「勝つか負けるかの戦場のようなもの」だと考えているといったところでしょう。
　外国人との交渉を有利に進めるためには、このようなことを念頭に置き、相手の戦術に惑わされないようにする必要があります。

交渉に入る前に

　交渉をスムーズに、かつ有利に進めるためには、事前の準備が欠かせません。交渉の目的となる事柄について資料を集めたり、関係する情報を正確に把握する、先方に説明するためのプレゼンテーション資料を作成するといったことはもちろん重要ですが、その前にこちらの言いたいことが正確に相手に伝わらなければ意味がありません。その点から見ると、交渉とは相手との対話、つまりコミュニケーションの一種であると言えます。

交渉準備の手順はどうなっているのか

　交渉をするために必要な準備としては、次ページの図のような流れになります。初めての取引を行う場合は、取引先探しからはじめることになりますから、相手を選別するためにSTEP 3の相手の背景を知る、というところから準備をはじめることになるでしょうし、すでに何度も取引をしている相手と交渉をする場合はSTEP 2の面会の予約をするところからはじめることになるかも

しれません。大きなプロジェクトなどで複数の担当者がいる場合は、並行して作業を進めることもあるでしょう。

このように交渉準備には決まった手順があるわけではありませんから、取引ごとに柔軟に作業を進めていくことになります。

■取引における段取りと交渉の流れ

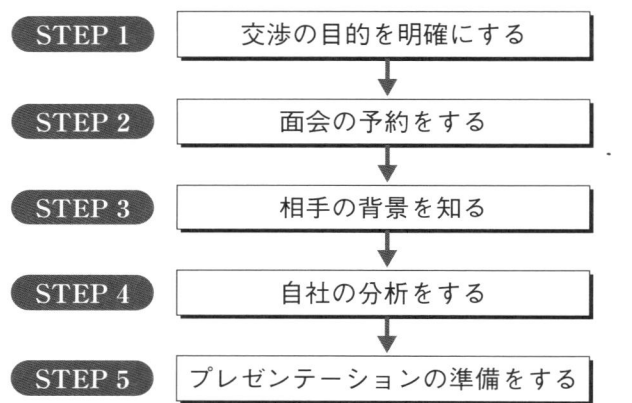

交渉の目的を明確にする

交渉は、自分の望む結果を得るために、相手と話し合いをする場です。その相手には協力してもらいたい場合もあれば、障害として取り除きたい場合もありますが、相手にも希望があるわけですから一筋縄にはいきません。ビジネスの場面ではおもに自社の利益を向上させるために交渉を行うわけですが、「利益向上」という大目的だけを念頭に置いていたのでは相手から複雑な条件を提示されたときに、どこまで条件を受け入れてもよいのかといった判断ができなくなる可能性があります。たとえば、DVDプレーヤーを購入するために電器店に行き、大容量ハードディスクを搭載していて高価、ハードディスクは搭載されていないが安価、という2つの商品を提示されたとします。この場合、その場の利益を考えれば安価な商品を選んだほうが有利ですが、別売りのDVDを購入しなければデータの保存ができない、つまりランニングコストを考えるとハードディスク搭載の商品を選んだほうがよいかもしれません。このような

とき、どのような使用方法を想定して商品を購入するのかといったことを明確にしておかないと、戦略の立てようがないわけです。

つまり、交渉の場面においては、大きな目的だけでなくできるだけ具体的かつ詳細に目的を定め、何を決断のキーポイントとするかを明確にすることが必要になるわけです。

面会の予約をする

面会の予約は、その交渉において最初に先方と接触する機会です。交渉はすでにそこから始まっていると心得、ていねいに、正確に用件を伝えるよう配慮しましょう。

全く初めての相手に面会を求める場合は自社のパンフレットや商品の説明書などを添えた手紙を出し、面会を願うという方法もあります。

相手の背景を知る

交渉相手の会社がどういう会社か、直接交渉にあたる担当者がどういう人物かということを事前に調べて、交渉時の材料とすることは国内での取引でも一般に行われています。相手が企業であれば商業登記簿謄本などで本社所在地、役員名、資本金、設立年月などを調べたり、他の取引先や銀行などから取引実績、評判などをリサーチしたりしますし、個人であれば本人や同僚などとの雑談から出身地、出身校、趣味、嗜好などを聞き出して話のきっかけにすることもあります。

国際的な取引であっても当然このような調査が有益になりますが、相手が海外の法人、個人である場合は、さらに言語、宗教、文化といったことが問題になる可能性がありますので、これらの点を入念に調べておく必要があります。

英語の表現の仕方一つとっても、日本語をそのまま直訳しただけでは意味が通じなかったり、その国特有の慣用句などがあったりして、先方に大変失礼な言動をしてしまうということもあります。相手国の情報に詳しい人や現地の人に協力を求めるなどして準備をすることが望ましいでしょう。

自社の分析をする

　交渉においては、相手のことを知る以上に自社のことを客観的に分析し、背景や現状を熟知しておく必要があります。特に、今回初めて交渉にあたるという相手に対しては、相手が自社についてどんなことを知りたいと言ってきても対応できるように代表者名、役員名、資本金、従業員数、支店・営業所数、社史、取引実績、商品説明などを正確に調べ、交渉する言語、あるいは英語で説明できるように準備しておく必要があります。

　さらに、交渉の場では駆け引きも重要な要素となりますから、どこまでなら強気に押せるか、どこが引き時なのかということを常に念頭に置いておく必要があります。したがって、自社はどういう資源ネットワーク、技術などを持ち、何を持っていないのか、どの分野に強く、どこは弱いのか、資本面などで妥協できるぎりぎりのラインはどこなのかといった強い部分と弱い部分を正確に把握しておかなければならないのです。相手を知り、自分を知ることによって駆け引きのポイントを押さえ、チャンスを逃がさないことが交渉を有利に進めるテクニックの一つと言えます。

プレゼンテーションの準備をする

　交渉の内容について、こちらが提案する側である場合は、プレゼンテーションの準備をします。図表や写真などを添付して視覚的にも内容が把握しやすい資料を作成しましょう。特に、その交渉が何の目的で行われるのかということを最初に明確にしておくことが国際取引では重要です。

　また、調査した相手の背景や自社の分析などを考慮して、自社の得意分野や強みを上手にアピールするようにします。

　口頭で説明をする場合は、作成した資料に対してどれくらいの補足情報を入れるかということを事前に考えておくとよいでしょう。たいていのプレゼンテーションでは時間が何時から何時までと決められています。持ち時間をオーバーしてしまったり、あまりに早く終了してしまっては印象が悪くなりますので注意しましょう。

Part 1 - 6 英文契約書の書き方

国内取引と国際取引の違いは何か

　商取引において、契約書が重要な役割を果たすということは日本国内で取引する場合でも、海外の企業と国際的な取引をする場合でも同じです。

　ただ、商慣習や契約に対する考え方などがそれぞれの国によって異なるため、国際取引における契約書の作成には、日本の場合とは違う視点が必要になります。

　日本国内での商取引は同じ商慣習、法律という、いわば同じ土俵の上で行われます。また、これまでのつきあいや義理といった感情に重きを置く国民性もあって、契約という場面においても契約書を作成する前から取引を始めてしまったり、問題が生じたらそのときに協議をする、などという「暗黙の了解」が認められやすい傾向にあります。

　一方、海外企業との商取引では、慣習、法律など拠って立つ場所が違います。特に欧米系の企業では契約書の内容だけが主張できる唯一のもので、口約束や思いこみなどは一切考慮されません。つまり、契約書上に記載されていないことで契約不履行を主張しても、一切聞き入れられないということです。

　国内取引と国際取引における契約書作成の背景を比較すると、国内取引が「取引が成功すること」を前提に行われるのに対し、国際取引では「取引が失敗すること」を前提として行われる、ということがわかります。

　海外企業はリスクを回避することに強い関心を持ち、十分な対策をして契約を進めるというわけです。したがって、国際取引で契約書を作成する際には、日本人が「こんなことまで」と思うような細かい部分も含めて内容を詰めていく必要があります。

英文契約書にはどんな特徴があるのか

　国際取引では、英米法に基づく英文契約書の書式を使用するのが一般的となっています。英語が実務上、国際共通語として認識されていることや、英米法が国際取引を行う際の紛争解決などに非常に有用な形となっていることなど

が、その理由です。

　英文契約書は、商取引の根幹をなす文書として、もちろん正確な文法で記載されなければなりませんが、そのほかにも契約書特有の言い回しや法律用語、ラテン語などが使用されることが多いので注意が必要です。日本語の契約書を主たる契約書とするにしても、そのまま翻訳するだけでは足りない場合もありますので注意しましょう。できれば、国際取引に詳しい弁護士などに確認を願うほうが無難です。

　また、同音異義語などのように、同じ表現でも違う意味合いにとれる言葉がありますが、これらによる認識の違いを回避するため、わかりきったようなことを一つひとつ説明し直すということも多く行われています。つまり、一般的な英会話では使用しないような長文が使用されるわけです。

　このような事情から、英文契約書は日本の契約書よりもかなり分量が多くなり、作成自体にも相当の時間がかかります。最近は、このような状況を改善しようと国際商業会議所が標準的な取引条件（インコタームズ）を制定したり、書式を簡単にしようとする動きなども出てきています。

英文契約書の構成について

　英文契約書は通常、①表題、②前文、③本題、④末尾、という構成になっています。大きな契約の場合は表題や当事者、契約年月日などを記した表紙をつけたり、必要に応じて別途パンフレットや説明書などを添付することもあります。以下、それぞれに記載する内容を簡単に説明します。

①表題

　「SALES AGREEMENT」（売買契約）、「SHAREHOLDERS AGREEMENT」（合併契約）などのように、その契約書がどんな契約のために作成されたものであるかが一目でわかるような表題をつけるのが一般的です。

②前文

　契約内容に入る前に、誰が、いつ、どこで契約を行うかといったことを特定したり、どんな経緯で契約に至ったかといったことを記載する部分です。

国際取引の場合は、個人や企業を特定するにしても日本のように戸籍謄本や商業登記簿謄本、印鑑証明などを使うわけにはいきません。個人を記載する場合はパスポート番号や外国人登録番号、法人を記載する場合は本店の住所や設立準拠法（どこの国の法律に基づいて法人を設立したか）といったことも必要に応じて記載します。

③本題
　実際に行われようとしている取引の内容・手続などを定めます。そのほか、文書内によく出てくる用語の定義や、どの国の法律に準拠するか、紛争が起こった場合にどういう解決方法をとるかといった一般条項などを記載します。一般条項については後述します。

④末尾
　契約の当事者が契約を証するためにこの文書を作成し、交付したという旨の記載と、当事者双方の社名、代表者名、署名が記載されます。海外では印鑑ではなく、署名が使用されるのが一般的です。

取引上必要になる一般的な記載条項

　契約書の本題部分には、国際取引で一般的に使用される条項が記載されます。多くは紛争が起こった際の対処方法を事前に定めておくものであり、内容としては以下のようなものがあります。

①通知条項
　契約の当事者が離れた場所に存在する国際取引では、文書のやりとり一つ取っても時間や手間がかかります。国内事情によって、通知が到達しないといったことも十分起こり得るので、事前に通知の方法と効力発生時期を定めておくわけです。

②準拠法条項
　契約書の条項の解釈や契約書で定められていない事柄について問題が起こっ

たときに、どの法律を使って解決するかということを定めておくのがこの条項です。自社の権利を守るためには、よくわかる自国の法律を使うほうが有利です。ただ、それは相手方にとっても同じですので合意はなかなか難しく、その場合は第三国の法律と定めたり、裁判所に一任するといった定め方がされるようです。

③裁判管轄条項

準拠法条項とも関連しますが、紛争になったときにどこの国の裁判所に判断をまかせるかを決めておく条項です。

④仲裁（紛争解決）条項

紛争の解決を裁判所ではなく、日本商事仲裁協会などの仲裁機関に委託する旨の条項です。

⑤不可抗力条項

天変地異など、当事者の関与できない事情で契約が履行できなかった場合の対応について規定する条項です。

⑥契約解除条項

原則として契約書に記載されていることがすべてになるわけですから、履行遅滞などの債務不履行（契約違反）による契約解除の条件も記載しておきます。

⑦完全合意条項

契約締結前になされた約束や合意を排除し、契約書に書かれたことが当事者が合意したすべての内容であるということを明確にする条項です。

■取引における段取りと交渉の流れ…

```
注　文
  ↓
承　諾
  ↓
主要条項案の提示
  ↓
予備的合意書の作成
（Letter of Intent）
  ↓
本契約の提示
  ↓
本契約締結
```

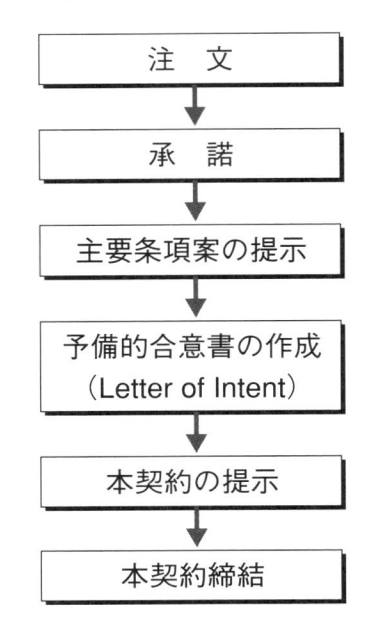

Part 1 - 7 英文履歴書の書き方

英文の履歴書とはどんなものか

　目当ての会社に求職の応募をする際に履歴書を送付するということは、日本企業に対するのと同様、外資系企業に対しても一般的に行われています。

　このとき送付する英文履歴書にはアメリカ式の RESUME（以下レジュメと呼ぶ）とイギリス式の Curriculum Vitae（以下 CV と呼ぶ）があり、通常は作成時に表題としてその名前を記載します。英文履歴書と日本の履歴書の大きな違いは、英文履歴書には市販の書式などはなく、用紙選びから自分でするということです。ただ、どちらかというと CV のほうが日本の履歴書に近く、決まり切った書き方をされることが多いようです。

　作成にあたっては以下の点に注意する必要があります。

①用紙選び
　市販の履歴書がないということは、選択する用紙一つをとっても応募者のビジネスマナーやセンス、力量が反映されるということですから、おろそかにしてはいけません。通常はＡ４サイズの白かオフホワイトの上質紙を利用しますが、職種や企業によってはグレー、ブルーなどの用紙を選ぶこともあります。

②手書きにはしない
　作成の際には、ワープロかタイプライターを使用するのが基本です。日本では手書きのほうが正式な印象を受けますが、欧米では全く逆で、手書きではかえって失礼にあたります。また、書式が自由な分、書類作成能力が試されることにもなりますから、文字間隔を見やすく構成したり、重要箇所に太字を使うなどレイアウト一つにも気を抜かずに作成します。誤字・脱字や印刷ミス、汚れなどにも十分注意しましょう。

③自分の能力を強くアピール
　内容的には、日本の履歴書が自己紹介といったニュアンスのものであるのと

違い、いわば自分という商品を売り込むための企画書、パンフレットといった意味合いを持っています。これは、欧米の会社が実力主義、能力主義であることと深く関係しています。先方は会社の業績向上に役立ちそうな人材を探しているわけですから、自分を雇うことによってどんなメリットがあるか、自分がどれだけ有能な人材であるかといったことをＰＲする必要があるということです。これまでの経験や学んできたこと、仕事をする上で有利になるポイントは遠慮せずに強調して書きましょう。

④事実を簡潔に

　自分をアピールしたいあまり、熱のこもった長文を書いてしまう人がいますが、日々多くの履歴書にふれている採用担当者は一枚一枚の履歴書を丹念に読み込んだりはしてくれません。長文でのアピールはかえって「的確に仕事をまとめる能力がない」という印象を与えてしまいますので、履歴書の文章は事実を簡潔・明瞭に伝えるものだということを心がけましょう。

記載すべき内容について

　英文履歴書は書式がありませんから、記載する人がそれぞれ必要と思う事項を書くことができますが、そのような中でもある程度は共通して記載する事項があります。たとえば①応募者の基本情報、②希望職種、③職歴、④学歴、⑤特技、⑥信用照会先、などです。

①応募者の基本情報

　氏名、住所、電話・ＦＡＸ番号、Ｅメールアドレスなどです。ＣＶでは生年月日や性別、既婚・未婚など少し踏み込んだ個人情報まで記載することが多いのですが、他民族国家で差別問題に厳しいアメリカで使用されるレジュメでは国籍や家族構成など仕事の能力とは直接関係しない個人情報は記載しません。

②希望職種

　その会社でどのような仕事をしたいのかという希望がある場合には、それを明確にしておきます。

③職歴

社会人となってから現在まで、何という会社でどんな仕事をしてきたかを具体的に記載します。レジュメでは一番直近の職歴を最初に書き、そこから過去にさかのぼる形で書くのが普通です。今までの仕事の中で目立つ成果を挙げているならば、それも記載して能力をアピールしましょう。逆に、新卒でアルバイト以外の職歴がない場合は省略してかまいません。

④学歴

日本式やCVでは中学・高校も含めて書くことが多いのですが、レジュメでは最終学歴と専攻科目だけを書くことが多いようです。

⑤特技

応募する仕事に役立ちそうな資格や技術を記載します。外資系企業への就職を希望しているなら、TOEICの点数などが重要になってくるでしょう。

⑥信用照会先

親族や知人など応募者の身元保証をする先のことです。通常は2人以上の照会先を必要としますが、履歴書上では氏名や連絡先を書かず、「要請次第提出します」と記載することが多いようです。

📄 カバーレターを忘れずに

英文履歴書を送付する際には、カバーレターを添付するのがマナーです。その主な目的は、送付の旨を伝え、担当者にあいさつをすることですが、ここで先方の採用担当者の印象をよくしておくことが大変重要です。礼儀にのっとったあいさつ文はもちろん、応募する企業にどれくらい入社したいか、どんなに役立つ人材であるかということを強くアピールして自分に関心を持ってもらえるようにしましょう。

Part 1 - 8 国際郵便の出し方

📄 郵便局の窓口で出す

　国際郵便だからといって、特定の郵便局や窓口へもって行く必要はありません。通常の国内の手紙や小包などを預ける場合と同様に、最寄りの郵便局の窓口で取り扱ってくれます。また、郵便局にもって行かなくても、必要な切手を貼れば、国内宛の手紙や葉書と同じようにポストに投函することも可能です。航空便で出す場合には封筒の表に、「Air Mail」、「By Air」、「Par Avion」などと書き入れます。

　郵便料金は、宛先の地域や郵便物の重さによって違います。

📄 封筒の書き方

　国際郵便で手紙を出す場合は、封筒の書き方や切手を貼る位置が国内郵便と異なります。また、ビジネスで手紙を出す場合には、宛先や差出人の住所をタイプライターなどで印字するのがマナーです。

■封筒のサンプル（フルブロック）

```
Susumu Saito
ABC Company
1-2-3 Shinjuku, Shinjuku-ku           [切手]
Tokyo, Japan 100-0000


    By Air

                Ms. Nancy Brown
                IMV Industry Co. Ltd.
                102 Green Street
                New York, NY 10000
                U.S.A.
```

Part 2

ビジネス交渉に役立つ文書

文例 1　取引条件などの問い合わせをする

Dear Madam/Sir:

We, ABC Company, are distributors based in Tokyo, Japan and have imported a large volume of Asian merchandise including accessories, bags and shoes for over ten years.

Recently I saw the new products in your 'XYZ Series' on your website. We are very much interested in and would like to import them.

I'd appreciate it if you could send me some information about your company, your latest export price list and terms of business to:
ABC Company
123-4 Shinjuku, Shinjuku-ku
Tokyo, Japan 100-0000
Attn: Sachiko Yamada

I also would like to know whether we could get special discount prices for substantial orders.

You can check our website at:
http:www.abc.def.com

I look forward to receiving your prompt reply.

Sincerely yours,

訳　例

ご担当者様

　我がABC会社は日本の東京を拠点に販売業をしておりまして、過去10年以上アクセサリー、バッグ、靴などの多くのアジア雑貨を輸入してきております。

　貴社のウェブサイトにて'XYZシリーズ'の新製品を拝見致しました。非常にこちらに興味を持ち、ぜひ輸入させていただきたいと考えております。

　お手数をおかけ致しますが、御社の会社案内と最新の輸出価格表、また取引条件が書かれたものを下記の住所までお送りいただければ幸いに存じます。

100-0000　東京都新宿区新宿123-4
ABCカンパニー
山田幸子宛て

　また大量注文に対してディスカウント価格などありましたら、そちらのこともお聞きしたいと思っております。

　もしお時間ございましたら、ご参考までにわが社のウェブサイトhttp:www.abc.def.com もご覧ください。

　迅速なお返事をお待ち申し上げております。

Point

　何らかの問い合わせをする場合には、どこで相手企業を知ったか、どんな事業のために何の情報を必要としているかということを明確にします。

文例 2 問い合わせへの返事をする

Dear Mr. Smith:

Thank you for your inquiry of December 1 about our products.

As requested, we are enclosing a copy of our latest catalog with a list of export prices and terms of business. You can find the product "AZ Watch," which you are interested in, on Page 3 of the catalog.

I hope the enclosed catalog and information will be useful for you.

To place an order, or for additional information, please feel free to contact me any time by email or fax.

We look forward to hearing from you soon.

Yours sincerely,

Useful expressions

We are pleased to know that you are interested in our products.
弊社の製品に興味をもっていただき幸いに存じます。

Enclosed is a copy of our brochure.
弊社のパンフレットを1部同封いたします。

If you have any further questions, please contact us any time.
これ以外にも何かご質問がありましたら、いつでもご連絡ください。

訳　例

スミス様

　12月1日付の弊社商品に関するお問い合わせをいただきまして、どうもありがとうございます。

　ご依頼いただきましたように、輸出価格リストとお取引条件を記載したものと共に弊社最新カタログを同封させていただきます。興味をお持ちの"AZウォッチ"はカタログの3ページにございますので、ご覧ください。

　お送りしたカタログや情報が御社のお役に立てば幸いです。

　ご注文の際、または何か他にご質問などございましたら、Eメールやファックスにてお気軽にいつでもご連絡ください。

　近日中のご連絡をお待ち申し上げております。

Point

　問い合わせへの返事では、①謝礼、②問い合わせ内容に対する情報（製品パンフレットや価格表など）、③会社案内や担当者連絡先、などを記載します。必要に応じて補足情報や有利な取引条件などを添え、取引を願うのもよいでしょう。

文例 3 商品の注文をする

Dear Mr. Smith:

Thank you for your quotation No. 765. We would like to place an order as follows:

Item No. 1403
Description: Deluxe TV Board
Quantity: 150 sets
Unit Price: US$850
Total: US$127,500
CIF Yokohama D/P

Please let us know whether we can receive the products by December 4.

We will be waiting for your confirmation by return.

Sincerely yours,

Useful expressions

We would like to order the following items:
以下の商品を注文したいと思います。

We would appreciate it if you could let us know whether you have these items in stock.
これらの商品の在庫があるかどうかお知らせいただければ幸いです。

Please send us your confirmation.
注文確認書をお送りください。

訳　例

スミス様

　No.765 の見積書をいただきましてありがとうございました。以下の通り発注させていただきます。

　品番：1403
　品名：デラックステレビボード
　数量：150 セット
　単価（US ドル）　：850 ドル
　合計額（US ドル）：127,500 ドル
　CIF（運賃保険料込み本船渡し）横浜、支払い渡し決済

　12 月 4 日までに商品が我々の手元に到着することが可能かどうかお知らせください。

　折り返し確認のご連絡をお待ち申し上げております。

Point

　発注の際には希望の商品名、数量などを誤りなく書きます。とくに発注日、担当者名、発注番号など必要事項の記載を忘れないようにします。定型の発注伝票を別に作成している場合にはそれを使用しましょう。

文例 4 商品の注文の承認・確認をする

Dear Mr. Moore:

Thank you very much for your order (No. 954) of June 1. We are pleased to confirm your order as follows:

Item No: 10
Description: Desk and Chair Set B
Quantity: 50 sets
Unit Price: US$500
Total: US$25,000

The above sets will be shipped upon confirmation of payment.

We appreciate your first order with J Furniture, and we hope this will lead to a long-lasting, profitable relationship.

Sincerely,

Useful expressions

We received your order for 25 audio sets.
オーディオセット25個の注文をお受けいたしました。

Delivery is scheduled for March 12.
配達は3月12日の予定です。

As you requested, the products will be shipped by air.
ご要望の通り、商品は航空便にてご送付させていただきます。

訳　例

ムーア様

　6月1日付のご注文（御社注文書番号954）をありがとうございました。以下の通りご注文を確認させていただきます。

品番：10
品名：机、椅子セットB
数量：50セット
単価（USドル）：500ドル
合計（USドル）：25,000ドル

こちらの商品は御社からの入金を確認しだいすぐに配送致します。

　Jファーニチャーへの最初のご注文を賜りまして、誠にありがとうございました。これを機会に末永いお付き合いを宜しくお願い申し上げます。

Point

　注文承諾書によってその後の取引内容がすべて決まってきますから、発注の条件をすべて再確認するつもりで作成する必要があります。発注に対する謝礼や、今後の継続した取引を願う文言も入れておくとよいでしょう。

文例 5 注文・引き合いを断る

Dear Mr. Brown:

Thank you for your offer of a business tie-up.

Unfortunately we have come to the conclusion that it would be hard to act as your agent as we do consider it to be too early to do so. We just started our business 6 months ago and still need to get the company into sounder financial shape.

Thank you again for your offer, and we look forward to cooperating with you in the future.

Yours sincerely,

Useful expressions

We regret that the item is not available at this moment.
申し訳ございませんが、ご注文の品は現在お取扱いできません。

We are afraid that we have to decline your order.
大変残念ですが、ご注文をお受けすることができません。

We hope one of these products will meet your needs.
これらの商品の中のいずれかがご要望に合うとよいのですが。

訳　例

ブラウン様

　業務提携のお申し出をいただきまして、どうもありがとうございました。

　しかしながら、我が社では時期尚早と考え、御社の代理店となることはまだ難しいのではないかという結論に達しました。我々は6か月前にこの仕事をスタートさせたばかりで、より経済的に軌道にのせることが必要であると思っております。

　今回のお申し出、本当にありがとうございました。またの機会に御社に協力できますことを心待ちにしております。

Point

注文を断る場合でも、まずは発注に対するお礼を述べましょう。その後、注文に沿えないことを明確にし、その理由も記載します。注文に応じる条件やほかの調達方法に関する情報がある場合には、それも追記しておきます。

Column　「同意しない」ときははっきり意思表示を！

　交渉におけるやりとりでは、相手に対してどういう言葉を返すかという点で常に判断、決断を迫られますが、そのとき、必ずしも明確に白黒をつけた返答をできるとは限りません。たとえば、手放しに同意することはできないが、完全に反対までしてしまうわけにもいかない、といった場面に出くわすこともしばしばです。

　このようなとき、日本人同士の交渉では黙ってやり過ごし、相手の出方を見るというような対応をすることもあります。ただ、それでは相手から黙認したと指摘されてしまうこともありますし、不遜な態度として相手の怒りをかってしまう可能性もあります。明確な返答はできないまでも「同意しない」ということをはっきりと表明したほうが相手も対処のしようがありますし、うまく交渉を進めることができるでしょう。

文例 6 価格・条件の交渉をする

Dear Mr. Morris:

Ref : Quotation No. 1593

Thank you for your quotation of May 1, 2011.

We reviewed your quotation and found that the price for Item 25 (Swarovski bracelet) is rather expensive for the Japanese market. We would like to request a 10% price discount for it. With this price, we would be pleased to sign a contract for 1,000 pieces of Item 25 within this month.

We would appreciate receiving your prompt reply.

Sincerely yours,

Useful expressions

I am writing to request a discount on your products.
貴社商品の値引きをお願いいたしたく、お便りしております。

We would appreciate it if you could give us a 10% discount.
価格を10％値引きしていただければ幸いに存じます。

We regret that we cannot offer you any reduction in the price.
残念ですが、値引きはいたしかねますのでご容赦ください。

訳　　例

モリス様

参照：御社見積もり書番号 1593

　2011 年 5 月 1 日付のお見積もりをいただきまして、どうもありがとうございました。

　お見積もりを拝見したところ、品番 25（スワロフスキー・ブレスレット）につきましては、日本市場価格に比べ価格がやや高いと感じました。10%のディスカウント価格でご提供下されば幸いです。こちらの価格にしていただけましたら、今月中に品番 25 を 1,000 個発注させていただきたく存じます。

　迅速なお返事をお待ち申し上げております。

Point

　文書で取引条件を交渉するとどうしても時間がかかってしまいがちですが、経緯を残しておけるというメリットもあります。契約してから意思の相違が見つかっては大変ですから、合意するまでいとわずに交渉を続けるべきでしょう。

Column　前言を撤回するときは相手が納得できるように話す

　交渉において、相手が前に言っていたことと違うことを言ってきたら、どうしても相手に対する信頼感が揺らぎますし、不安感が募ります。それを考えると、できれば前言撤回という事態は避けたいところですが、やむを得ない事情というものが存在するのもまた事実です。

　前言を翻すときには、相手が不信感や不安感を抱かないような、明快で納得できる事情が必要になります。ただ何となく前言を撤回したいという希望を伝えるだけではなく、具体的なきっかけやデータなどの情報を交えながら、意見を変えるに至った経緯を詳しく説明することが、相手の理解や納得につながります。

Part 2　ビジネス交渉に役立つ文書

文例 7 見積提示をする

Dear Sirs:

We sincerely appreciate your interest in our products.

In reply to your inquiry, we are pleased to submit a quotation for the following items:

Description: a) Diode
　　　　　　 b) Diode
Part No.　　a) abc001
　　　　　　 b) def002
Unit Price: a) $1.50 each
　　　　　　 b) $2.50 each
Lead time: 4 weeks ARO
Please Note:
　1. This quote is valid for 30 days from the date of quote.
　2. Minimum order quantity may apply if there is no stock.
　3. Prices quoted are based on FCA California airport.
　4. Payment terms are NET 30 days.

If you have any questions, please feel free to contact the undersigned.

We look forward to hearing from you soon.

Regards,

訳　例

お客様各位

当社製品にご興味をお持ちいただきましてありがとうございます。
貴方の見積依頼書に対し以下の通り見積回答をご提出致します。

品　　　名：a）ダイオード
　　　　　　b）ダイオード
部品番号：a）abc001
　　　　　　b）def002
単　　　価：a）1.5 ドル／個
　　　　　　b）2.5 ドル／個
納　　　期：受注後 4 週間
備　　　考：
1．当見積の有効期限は見積書記載日から 30 日以内です。
2．在庫がない場合は最小発注数量が適用されることがあります。
3．価格は FCA カリフォルニア州空港です。
4．支払条件は検収後 30 日以内現金です。

ご質問などございましたらお気軽にご連絡ください。

お返事をお待ちしております。

Point

依頼のあった内容に添って、価格や納期、支払条件などを提示します。通貨単位や納入の方法なども明確にしておきましょう。見積もり依頼に対する感謝の意や、取引を望む文言なども記載しておきます。

文例 8 — 法的規制の問題を確認する

Dear Madam/Sir:

We are very pleased about our partnership with your company for our new operation in Japan.

However, laws differ between the US and Japan. We need to make sure that every article complies with US state as well as Japanese laws and regulations. We need to check whether any article requires reconsideration. This is why our current draft agreement is provisional, for the purpose of confirming our common understanding.

Should you have any questions related to this matter, please don't hesitate to contact us at any time. Thank you for consideration of this matter.

Sincerely,

XXXXXXXXX
President, XXX Co., Ltd.

Useful expressions

We ask that you consider the agreement to be tentative, while we consult with our corporate lawyer about this particular provision.
この件につきましては当社の顧問弁護士とも相談したいと思っておりまして、暫定的なものとしておいて頂けますでしょうか。

訳　　例

　日本における新たな業務に向けて、当社と御社との提携を非常に喜ばしく思っています。

　しかしながら両国間の法律は日本と米国では異なりまして、当社といたしましては米国の御社の州法の詳細基準につきまして、全件について問題の有無を確認する必要がございます。よって現時点におきまして我々の契約書案は、双方の共通認識のために一時的なものといたします。

　この件につきまして何かご質問等ございましたら、いつでも気兼ねなく当社へご連絡くださいませ。

　よろしくお願いいたします。

　XXXXX 代表取締役
　XXX 株式会社

Point

　一般的に緊急を要しないビジネスレターでは、ビジネスレターを送る側の簡単な挨拶を手短に伝え、続いて本題に入ります。この法的規制の確認ビジネスレターは、特に緊急を要している状態ではないため、まずパートナーシップの提携への喜びの気持ちなどを挨拶代わりに簡潔に1行で述べた後、続いて互いの提携に現時点で必要なこと（当社が二国間の法律を詳細に確認すること、現在の契約書案はその後変更すべきものとすること）を、手短で簡潔な理由とともに述べます。
　また英文ビジネスレターは、日本のビジネス文書とは違い「拝啓」及び「拝啓」の後に続く季節の節目の挨拶文のようなスタイルは存在しません。

文例 9 商品の出荷通知をする

Dear Mr. Smith:

Ref: Order #1432

We would like to advise you that your order No. 1432 was shipped as follows:

Date of Shipment: October 30, 2011, from Yokohama
ETA: November 23, 2011 in Los Angeles
B/L number: No. XO14653

We look forward to receiving your confirmation on receipt of the products.

Thank you for your loyal patronage.

Useful expressions

Your order #567 was shipped by sea on June 12.
ご注文番号567は、6月12日に船便にて出荷いたしました。

We shipped the following by air yesterday.
下記の商品を昨日航空便にて出荷しました。

You should receive it in about a week.
1週間ほどでお手元に届くと思います。

訳　例

スミス様

参照：注文書番号 1432

　御社注文書番号 1432 の品が以下の通り出荷されましたことをお知らせ致します。

出　荷　日　：横浜港より 2011 年 10 月 30 日
到着予定日　：2011 年 11 月 23 日ロサンゼルス港
船荷証券番号：XO14653

　商品到着した際は、商品到着確認書をお送りくださいますようお願い申し上げます。

　変わらぬご愛顧に感謝致します。

Point

　海外との取引の場合、商品の到着までにどうしても時間がかかりますから、商品を出荷したらその旨を通知しておくほうが無難です。到着日が決まっているのであればそれも知らせておくと、先方もその後の手続がしやすくなります。英語では番号を示す場合に No. の代わりに＃を使用します。

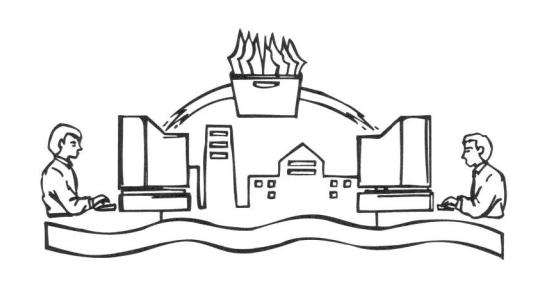

文例 10 着荷通知をする

Dear Mr. Richardson:

Ref: PO 0123

We would like to inform you that we received our order (No. 123) in perfect condition on June 13, 2011.

Thank you for your prompt delivery. We are really satisfied with your service.

It is a pleasure working with you.

Useful expressions

We would like to notify you that we received the shipment.
荷物を受領したことをお知らせいたします。

We appreciate your prompt delivery.
迅速な納品に感謝します。

We haven't received the shipment yet.
荷物がまだ届いておりません。

訳　例

リチャードソン様

参照：発注書番号 123

　2011 年 6 月 13 日に注文書番号 123 の商品を無事受領致しましたことを御報告申し上げます。

　この度は迅速に配送を行っていただき、どうもありがとうございました。御社のサービスには大変満足しております。

　御社と取引ができましたことをうれしく思います。

Point

商品が到着したら、マナーとしてその旨を先方に連絡しておきましょう。先方からの信頼感が増し、その後の取引をスムーズにすることにもつながります。

Column　相手が合意と矛盾する発言をしたときは…

　交渉において、ときには以前の合意内容に反するような話が相手から持ち出されることもあります。日本人は矛盾点に気づいてもその場で指摘せずにその意図について考え込んでしまったり、後で別途確認しようなどと思ってしまいがちですが、国際的な取引の場合、そのような対応では手おくれにもなりかねません。矛盾する発言がわざとでも、単なるまちがいでも、たいてい相手は自分の都合のよいように解釈して発言しているわけですから、気づいた時点で、相手の立場を考慮しつつ、しかしはっきりと矛盾を指摘しておく必要があるでしょう。

文例 11 経理担当責任者宛てに送金したことを通知する

To the attention of the Accounting officer:

This is to notify you that we have sent payment for work on DO (Direct Order) No. 0030: Repair of the office floor mat and air conditioning equipment at our Japan branch in Tokyo.

The amount of $313,290.75 (USD) was paid into your XXX bank account on Aug. 5, 20XX. Please let us know, after you have checked your account, if it was received or not.

Very respectfully,

XXXXX
Accounting Chief, XXX Corporation

Useful expressions

We will notify you during the first week of this coming December.
来る12月の第1週中には結果をお知らせする予定です。

We are writing to advise that on January 5th, an inspection will be carried out at your Tokyo branch office.
1月5日に、御社の東京支社で検査を実施することにつきまして、本書面にてお知らせ致します。

We apologize for this late notice.
お知らせが遅れましたことをお詫びいたします。

訳　例

経理担当責任者様

　契約業務番号 DO（直接発注）0030 番、当社の東京支社における社内床マット及び空調設備修理取替え工事の、御社業務に対するお支払いを送金いたしましたのでお知らせ致します。

　金額 313,290.75 ドル（米ドル）を、20XX 年 8 月 5 日にお支払いしております。どうぞご確認いただきまして、受領有無の連絡をお願いいたします。

　　XXXXX 経理主任
　　XXX 会社

Point

　ビジネスレターを送る際で、担当者の氏名がわからない場合に通常は "Dear Sir/Madam" や、"To Whom May It Concern" などと記します。送金にかかるビジネスレターであれば、一般的には「経理部の責任者宛」と記載します。
　送金通知の文書では文頭に、この文書は何についてのお知らせ (Notification) であるのかを最初に記し、何の件についての送金をいくら、○月○日にどこの口座へ振り込んであるのか、必要用件のみ、かつ、先方がこの文書で過不足な情報を尋ねる手間を取らせないで済むように配慮します。最後に送金金額が間違いではないかどうか、通知した金額通りの振り込みに間違いがないか、確認後一報する返事を送ってくれるよう依頼します。

文例 12 担当者に入金を確認したことを通知する

Dear Sir/Madam:

We would like to express our thanks for your loyal patronage. Our XXX bank account has received 28,000,000 yen from your company as payment for your order No. 7500. Thank you very much.

The ordered electronic security system equipment that your company has paid for is scheduled to be dispatched from Los Angeles International Airport on October 15th.

We look forward to your continued patronage. Thank you so much again.

Respectfully yours,

XXXXX
Sales Department Manager, XXX, Inc.

Useful expressions

＜文頭例＞
We would like to express our sincere gratitude for your continued business and support.
変わらぬご指示ご支援を賜りまして、心から感謝申し上げます。

＜文末例＞
We would like to take this opportunity to thank you for your continued business.
この機に際しまして、変わらぬご愛顧に感謝致します。

訳　例

ご担当者様

　平素は格別のご愛顧を賜り、厚く御礼申し上げます。当社口座に、ご注文いただきました7500番の代金として、御社より2800万円をお振込みいただきましたことを確認いたしました。

　お支払いいただきました注文の御社の電子セキュリティシステムは、10月15日にロサンゼルス国際空港からの出荷予定となります。

　今後とも何とぞ末永いお付き合いをいただきますよう、どうぞよろしくお願いいたします。

XXXXX 営業部部長
XXX 会社

Point

　顧客または取引先より送金を受領した際、領収書発行とともに当社側の受領確認通知を、先方に必ず送ることはビジネスマナーの一環です。確認通知を送る送金者の氏名がわからない場合は、「担当者様」としますが、わかる場合は氏名を記載し、"Dear ～"とする方が、親近感がありながらも、とても丁寧な表現になります。文頭の"We would like to express our thanks for your loyal patronage."「平素は格別のご愛顧を賜り、厚く御礼申し上げます。」と、文末の"Your continued business with us is certainly appreciated. Thank you so much again. Respectfully yours,"「今後とも何とぞ末永いお付き合いをいただきますよう、どうぞよろしくお願いいたします。敬具」という表現は、代表的な文頭・文末表現になりますので、2つともセットで覚えておきましょう。

文例 13 支払いの催促をする①

Dear Warner san,

This is to remind you that our invoice for $10,000, I/V No. 05/003, issued January 10th, 2011, is more than 30 days overdue.

Perhaps you have overlooked this payment.

Would you please confirm whether this payment has been correctly arranged for, and please advise us when you expect to make the remittance?

If you have any queries, please call us anytime.

Regards,

Useful expressions

This is to remind you that your payment of $800 is now overdue.
800ドルの支払期限が過ぎていることをお知らせします。

Our invoice number 1234 for $500 has not been paid yet.
請求書番号1234の500ドルがいまだに支払われておりません。

訳　例

ワーナーさん

　2011年1月10日付当社請求番号05/003、$10,000が30日以上支払期限を遅延していることをお知らせします。

　上記支払いをお忘れではないでしょうか。

　支払い手続きが問題なく処理されているかご確認の上、送金予定日を折り返しご連絡いただきます様お願いします。

　もしも支払いに同意できない箇所があればご連絡ください。

Point
　初めての支払いの催促では、先方も単純なミスで支払いが遅延しているだけかもしれませんから、簡単に注意を促す程度の内容で文書を作成します。

Column　相手を非難するときは感情をぐっと抑えて！

　交渉術の一つとして、「相手を非難する」という行為があります。交渉相手が外国人の場合は言葉を荒げたり、机をたたいて非難するということも珍しくないのですが、普通は本当に怒っているわけではなく、自分の言い分を何が何でも押し通したいというときに、強い意思表示をするために戦略の一つとして行うことが多いようです。日本人は公の場で相手を非難したり、派手なパフォーマンスをすることを嫌う傾向にありますが、相手が交渉の場を一種の戦闘ゲームのようにとらえて対応してきている以上、こちらもある程度の攻撃をすることは必要です。そこで、相手と同じように激しい表現をするのではなく、むしろ冷静に、おだやかに非難するというのも一つの方法です。慣れないパフォーマンスをするよりも、かえって強い意思を表すことができ、効果が期待できます。

文例 14 支払いの催促をする②

Dear Mr. Warner:

This is final notice for payment for the Invoice No. 05/003.

You have missed payment for 05/003, dated January 10th, and for the duplicate, dated April 15th.

We sent several reminders on March 15th, April 10th and April 25th.
However, we deeply regret you have ignored all these reminders, and we have received no reply from you.

This is our final request for payment of the balance of $10,000.
If payment in full amount is not completed by May 31st, we will regard this as your having no intention to pay this overdue amount, and we hereby officially announce that we will take the necessary legal measures.

Yours sincerely,

Useful expressions

We must ask you to remit the payment immediately.
至急送金してくださるようお願いします。

If we do not hear from you within the next five days, we will have to turn your account over for collection.
5日以内にご返答がなければ、回収にまわさなければなりません。

訳　例

ワーナー様

　当社請求書 05/003 に関する最終督促（催促）を行います。

　1月10日付請求書及び4月15日付再発行請求書に対して支払いがなされていません。

　これまで、3月15日、4月10日、4月25日に支払いのお願いをご送付致しました。
　残念ながらすべてのレターは無視され、お返事も頂けておりません。

　当文書は未払い＄10,000に対する最終督促です。
　5月31日までに全額の支払いがなされない場合は、未払金を意図的に支払わないものと判断し、しかるべき法的手段をとることになることをここに正式に表明致します。

Point

　2度、3度と通知しているにもかかわらず、支払いや連絡がない場合は、法的手段に訴えることも辞さないことを伝える Final Notice（最終通達）を送ることになります。

文例 15 出荷の遅れについて苦情を述べる

Dear Mr. Trevor:

Ref: PO 02563

As of today, we have not received our order #2563, which was due to arrive last Monday.

We have received complaints about your delayed delivery, and the delay has already started to damage our credibility.

Unless the shipment arrive by December 20, we will have to cancel our order and request a refund.

Please let us know immediately the status of the shipment and the estimated date of delivery.

Your prompt attention to this matter would be appreciated.

Yours sincerely,

Useful expressions

As of May 25, our order has not arrived yet.
5月25日現在、注文した商品がまだ届いておりません。

We expected the shipment to have arrived by June 20.
商品は6月20日までに届くということでしたが。

The delayed delivery will affect our sales.
納品の遅れは、我々の販売に影響します。

訳　例

トレヴォー様

参照：発注書番号 2563

　本日の時点で先週月曜日に到着予定だった注文書番号 2563 の荷物をまだ受領しておりません。

　御社の配送遅延により苦情も受けており、当社の信用も損なわれる結果になってきております。

　弊社と致しましては、12月20日までに配送されなければ注文をキャンセルし、返金を要求致します。

　至急出荷の状況と到着予定日をお知らせください。

　この件につきまして、至急お取り計らいくださいますよう、何卒宜しくお願い申し上げます。

Point

　クレームの際には、まず冷静に事実を伝えることが肝心です。出荷の遅れによって損害が発生している場合はその旨、今後の対処についての希望、対処がなされない場合の契約解除などについても記載します。

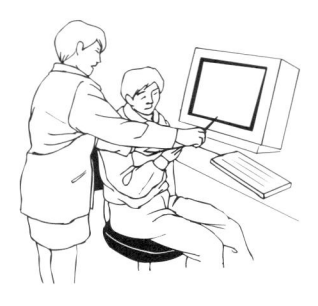

文例 16 品違いについて苦情を述べる

Dear Mr. Goldstone:

Ref: Order #9876

Although we received the shipment from you today, we found that Item No. 95 (YYY Laser Printer) was shipped instead of Item No. 48 (XXX Laser Printer), which we ordered with our Order No. 9876.

Please send us the product we ordered, Item No. 48 (XXX Laser Printer) at your expense as soon as possible and no later than February 3.

We would appreciate it if you would let us know how to handle the wrong item (No. 95).

Your prompt attention would be appreciated.

Useful expressions

We ordered black skirts, but you sent us blue ones.
黒のスカートを注文しましたが、送っていただいたのは青いスカートでした。

On checking the shipment, we found that it was one dozen short.
荷物を確認したところ、1ダース足りないことが判明しました。

訳　例

ゴールドストーン様

参照：注文書番号 9876

　本日御社よりの配送を受領致しましたが、当社が発注した品番48（XXXレーザープリンター）ではなく、品番95（YYYレーザープリンター）が送られてきたことが判明しました。

　2月3日までに届くようできるだけ早く御社経費負担で、本来の商品、品番48（XXXレーザープリンター）をお送りください。

　また、誤配された商品（品番95）の取り扱いにつきましてもお知らせください。

　迅速なご対応を何卒宜しくお願い申し上げます。

Point
まずは注文票などと照らし合わせて、到着した商品の何が違っていたのかを明らかにした上で、交換、返品、注文の取り消しなど今後の対処方法を記載します。

Column　煮え切らない相手との上手な交渉術

　何らかの交渉中、「その件には同意できない」「今すぐ返答することはできない」などと交渉の流れを一時的に中断することがあります。それは、本当に一時中断が必要な事情によって行われる場合もありますし、相手に再考を促すための戦略として行われることもあります。
　相手からのそのような申し出を受け入れることも、交渉の戦略の一つとすることができますが、あまりに何度も続いたり、ここで返答をもらわないと次の取引に差し支えるなど、譲れない段階に来たときには遠慮せず、「そろそろ明確な返答が必要だ」という断固とした姿勢を見せ、交渉の主導権を握りましょう。

文例 17 不良品について苦情を述べる

Dear Mr. White:

Ref: Order #123

We received our order (No. 123, Your Invoice No. 963) on December 11, but we found that 10 out of the 40 skirts were badly stained. We are enclosing pictures of the damaged skirts.

As you can see, they are stained in places, and we cannot accept the products like this.

Please send replacements immediately since we have to supply the apparel to our customer by January 20.

We will be waiting for your immediate action.

Sincerely yours,

Useful expressions

The item was badly damaged and needs to be replaced.
この商品はかなり破損をしており、交換していただく必要があります。

The products seem to be too shoddily made and are not up our standards.
製品は製法が粗雑で、当社の基準に足りません。

訳　例

ホワイト様

参照：注文番号 123

　12月11日に弊社注文書番号 123、御社請求書番号 963 の品を受領致しましたが、40着のスカートのうち、10着にひどい染みがあることがわかりました。そのスカートの写真を同封致しました。

　写真を見ておわかりのように、あちこちに染みがあり、弊社としましてはこのような商品を受領しかねます。

　1月20日には顧客に納品しなければならないので、至急交換品をお送りください。

　迅速なご対応を宜しくお願い申し上げます。

Point

　届いた商品の中に不良品が混入していた場合、その不良がどこで発生し、いつ混入したかもわからないことが多いので、とにかくどのような不良であるかを明確にする必要があります。その上でどのように対処してほしいかを記載しましょう。

文例 18 請求ミスについて苦情を述べる

Dear Mr. Morris:

Ref: Invoice #8235

We received your invoice #8235 and found that the invoiced amount differs from your quoted price (Quotation No. 1235). We are enclosing copies of your quotation and invoice. Could you please check them again? I believe there might be some kind of error.

We would appreciate it if you would send us a correct invoice immediately.

Thank you.

Useful expressions

We found several mistakes in your statement.
明細書にいくつかの誤りを発見いたしました。

We would appreciate it if you could check your account and correct the error.
帳簿をお調べになってまちがいを訂正していただければ幸いです。

We received your invoice, but there is a mistake.
請求書をいただきましたが、まちがいがありました。

訳　例

モリス様

参照：御社請求書番号 8235

　御社請求番号 8235 を受領致しましたが、請求額が見積り額（御社見積り書番号 1235）と違っております。御社よりの見積もりと請求書を同封しております。もう一度ご確認いただけますでしょうか。おそらく何かのまちがいかと存じます。

　正しい金額の請求書をお送りくださいますよう、何卒宜しくお願い申し上げます。

Point

　請求のミスを発見した場合は、まず契約書と請求書のコピーを添付するなどして相違点を指摘します。その上で早急に正確な請求をするように要求しましょう。

Column　ミスは、素早く積極的に処理する！

　ビジネスの場面では、ミスを犯さないよう細心の注意を払って作業にあたります。しかし、思いもかけない事故やわずかな気の緩みがミスを招くこともあります。起こってしまったミスを後悔することはいつでもできますから、まずは早急に、かつ前向きにミスによる被害を食い止める努力をするべきでしょう。

　ミスの対処において、相手に弱みを握られたり、責任を追及されることを恐れて、隠したりごまかしたりしようとする人もいますが、そのような行為はかえって傷口を広げ、相手の信頼を失うことにもつながりかねません。本来の損害以上に賠償をしたり、必要以上に罪悪感を持つ必要はないわけですから、過ちを認めるべきところは認めて迷惑をかけたことを率直に謝罪しましょう。そのほうが相手との関係修復も早く、ミスにも迅速に対処することができます。

文例 19 サービスの悪さについて苦情を述べる

Dear Ms. Moore:

We have been very disappointed with the discourteous service at your support center for the past 5 weeks.

I called your support center on January 13 asking for the repair of the Scanner XXX which we purchased last year. The operator at the center promised to arrange a date for repair and to contact us.

But we did not hear from your company for two weeks after that. We called you again on January 28 and also sent an email asking for repairs. Over the phone, the operator told me you would contact us right after arranging the date for repairs.

We still have not had any reply from you. We cannot tolerate this unpleasant situation and decided to send a letter to you today.

We would appreciate it if you could handle this situation immediately and be sure to contact us.

Yours sincerely,

Useful expressions

We are disappointed at the unhelpful response of your customer service staff.
顧客サービス係の不親切な対応にはがっかりいたしました。

訳　例

ムーア様

　御社のサポートセンターにおけるここ5週間の無礼なサービスには大変がっかりしております。

　私は昨年購入した御社のスキャナーXXX修理依頼のため、1月13日にサポートセンターに電話をしました。その際オペレーターは、修理の日程を調整し、返事をくれる旨を約束していただきました。

　しかし、その後2週間経っても何のご連絡もいただけませんでした。1月28日に再度電話をし、また、修理依頼のメールも出しました。電話では、オペレーターは、修理の日程が調整つきしだい、すぐにご連絡をくださるとおっしゃいました。

　しかし、それでもなお、まだ何の連絡もいただいておりません。私どもとしましてもこの不快な状況には耐えられず、本日このようにお手紙を差し上げることを決心致しました。

　ぜひこちらの件につきまして至急お取り計らいいただき、また、ご連絡くださいますよう何卒宜しくお願い申し上げます。

Point

　まずはクレームをつける理由について、事実を具体的かつ客観的に述べるとともに、それにより被った損害や苦痛について明記します。その後、適切な対処を希望する旨を申し添えます。

文例 20 こちらに責任がない場合の苦情処理

Dear Mr. Wills:

We have received your letter of April 15 reporting that 3 cartons of the products delivered (PO O1234) were damaged.

Our research section investigated the shipping prccedures, and it turned out that the products were shipped out in perfect condition, and all the ordered products arrived at your plant with no problem.

We believe the damage is beyond our responsibility, and we cannot accept the return of the damaged products.

If you have any other questions, please contact me anytime. We would like to assist you as much as possible.

Useful expressions

The condition you described is not of faulty operation.
ご説明いただいた状態は故障ではございません。

We believe that the responsibility lies with us.
責任は当社にあるとは思われません。

We hope this will solve the problem.
これで問題が解決するように願っております。

訳　例

ウィルス様

　4月15日付の文書にてお送りした商品（発注番号1234）のうち3箱が壊れているとのご報告を拝見致しました。

　弊社調査部門が配送状況を調査した結果、配送は完璧な状態で行われ、ご注文の品は御社工場に何の問題もなく着いたことがわかりました。

　よって、この破損につきましては我が社の責任外と思われ、返品を受領することは致しかねます。

　何かご質問がございましたらいつでもご連絡ください。何かあればできるだけお手伝いさせていただきたいと存じます。

Point

　調査の結果、こちらに責任がないことが判明したならば、ただちにその旨を通知します。ただ、取引の上で先方が不快な思いをしたことは事実ですから、その立場に理解を示すことは必要でしょう。

Column　謝罪を断固拒否することも必要な場合がある！

　相手がミスを認めて謝罪してきても、それをすべて全面的に受け入れる必要はありません。交渉を今後も継続させる意向がある場合でも、納得できない事情があるならば謝罪を拒否するべきです。
　たとえば、相手の侵したミスによってすでに大きな損害が出ているにもかかわらずその部分の補償をしないと通告された場合や、ミスの修復方法について折り合いがつかないといった場合には、謝罪を受け入れるのを一時的にでも拒否するほうがよいでしょう。謝罪を拒否する場合は感情的にならず、自社の中で拒否する理由を客観的に分析した上で、明確に意思表示するようにしましょう。

文例 21 出荷の遅れについて謝罪する

Dear Mr. Kelly:

Ref: Order #6789

Thank you for your order of Item 420. Unfortunately, the ordered item has been in great demand and is currently out of stock.

If you need the item urgently, please let us know since we could offer you Item 421 as a substitute. The performance of Item 421 is similar to the one of Item 420. You can check the item on page 14 of our latest catalog. Otherwise, we will rush it to you as soon as the stock is replenished, which will be around the middle of next month.

We apologize for the inconvenience caused by this delay.

Thank you for your patience and understanding.

Useful expressions

We are very sorry that your order will be delayed by ten days.
大変申し訳ありませんが、ご注文の品は10日遅れます。

We apologize for any inconvenience this delay may have caused you.
この遅延でご迷惑をおかけしましたことをお詫びいたします。

We will let you know as soon as the stock is replenished.
在庫が入りしだいご連絡いたします。

訳　例

ケリー様

参照：御社注文書番号 6789

　品番 420 をご注文いただきまして、誠にありがとうございます。
　残念ながら、ご注文の品はお客様より大変ご好評をいただいておりまして、現在在庫がない状態です。

　商品を至急ご入用の際は、お知らせください。品番 421 の商品を代替品としてお送りすることができます。品番 421 は 420 と性能はほとんど同じです。弊社最新カタログの 14 ページにございますので、ご覧ください。やはり品番 421 がご希望であれば、おそらく来月の半ば頃になりますが、在庫が入りしだい至急お届けするように致します。

　今回の遅延により、ご不便をおかけ致します事をお詫び申し上げます。

　何卒ご容赦、ご理解のほど宜しくお願い申し上げます。

Point

まずは誠意をもって謝罪します。その後、遅れの理由や現状、対処の方法などを記載し、理解を求めます。最後にこれまでの取引に感謝するとともに改めて謝罪し、今後の取引について継続を願う文言を加えましょう。

文例 22 品違いについて謝罪する

Dear Ms. Moore:

Ref: PO 08563

Thank you for your email dated November 23. Please accept our sincerest apologies for the wrong shipment.

We are shipping Item 44, which you ordered (No. 8563), today by air at our expense. The estimated date of arrival is December 1.

We apologize for inconveniencing you by our very careless mistake, and we will make every effort to prevent such an error in the future.

I thank you for your understanding and patience.

Useful expressions

We apologize for this mix-up with your order.
ご注文を取り違えましてまことに申し訳ございません。

We are very sorry for the wrong shipment. We will ship the correct items immediately.
出荷の誤送をお詫びいたします。早急に正しい商品を出荷いたします。

Thank you very much for your patience.
お待ちいただき感謝いたします。

訳　例

ムーア様

参照：発注書番号 8563

　11月23日付のメールをいただき、誠にありがとうございました。今回の誤配につきまして、深くお詫び申し上げます。

　ご注文の品、品番44（注文書番号8563）につきましては、本日弊社経費負担で航空便にてお送り致します。到着予定日は、12月1日となっております。

　このようなミスによりご不便をおかけ致しましたこと、本当に申し訳ございませんでした。今後二度と同じようなまちがいを起こさないように最大限努力をする所存でございます。

　何卒ご理解、ご容赦いただけますよう心からお願い申し上げます。

Point
　品違いの指摘が妥当なものであれば、まず謝罪します。次にまちがいが起こった状況や、今後の対処方法などについて記載し、理解を求めます。最後に再び同じまちがいをしない旨を誓約し、もう一度謝罪します。

文例 23 不良品について謝罪する

Dear Mr. Davidson:

Thank you for your fax of March 3.

We are sorry to learn that ten of the products delivered to you (Item 835, Pure Water Machine) were defective.

We had our manufacturing division inspect Item 835 and found that some of them had similar problems under the same circumstances.

We have already shipped replacements to you on March 7. I assure you that there will be no defects in these products. Could you please send the damaged products back to us at our expense?

Again, please accept our sincere apologies for the inconvenience this matter may have caused you.

Sincerely yours,

Useful expressions

We are very sorry to learn that your order was damaged in transit.
輸送中にご注文の商品が破損したとお聞きし、大変申し訳なく存じます。

We would like to ship replacements immediately.
代替え商品をただちにお送りさせていただきます。

訳　例

デビッドソン様

　3月3日付のファックスをいただきましてありがとうございました。

　御社にお送りした弊社商品（品番835 ピュアウォーターマシーン）のうち10個に不良品があったとのことを伺い、大変申し訳なく存じます。

　弊社製造部門にて品番835を調査させたところ、同じ状況下で似たような問題が発生する商品が存在することがわかりました。

　3月7日に交換品をすでにお送りしております。こちらの商品につきましては、何の問題もないことを確認致しておりますのでご安心ください。不良品につきましては、着払いで弊社宛てにご返品いただけますでしょうか。

　今回はご不便をおかけいたしまして、大変申し訳ございませんでした。

Point

　まずは不良品の指摘があったことに対する謝礼を述べます。指摘どおりの不良が明確である場合は、その原因などを記載し、謝罪します。不良について不明な部分がある場合は、調査中であること、鋭意努力する意思があることなどを記載します。

文例 24 請求ミスについて謝罪する

Dear Mr. Green:

Thank you for your email of June 13 informing us of the billing error on our invoice No. 185.

Please accept our sincerest apologies for this mistake. You are absolutely right about the error you informed us of. We found it was caused by an oversight in our accounting section.

We will reissue a corrected invoice by tomorrow. Please disregard the invoice (No. 185) we sent to you.

We are sorry to have caused you trouble and will do everything possible to prevent such a mistake in the future.

Thank you for your patience and understanding.

Useful expressions

Thank you for pointing out the error in the bill.
請求書のまちがいを指摘していただいてありがとうございました。

We apologize for our billing error.
請求書のまちがいをお詫びいたします。

We are committed to preventing any recurrence of such an error.
同じミスを繰り返さないようにいたします。

訳　例

グリーン様

　6月13日付のファックスにて弊社の請求書番号の金額まちがいにつきましてご指摘いただき、ありがとうございました。

　今回のミスにつきまして深くお詫び申し上げます。ご指摘いただきました件に関しましては、まったくお客様のおっしゃる通りでございます。弊社会計課の見落としによるミスであったと判明致しました。

　明日までに正しい請求書をお送り致します。先にお送りしました請求書（番号185）は破棄していただきますようお願い申し上げます。

　今回はご迷惑をおかけして申し訳ございませんでした。今後このようなまちがいを起こさぬよう最大限努力する所存でございます。

　ご容赦、ご理解を何卒宜しくお願い申し上げます。

Point

　まずは指摘の内容について確認し、ミスが事実であれば謝罪します。早急に訂正を行うことや、今後同じミスを起こさないための対処を迅速に行うことなど明記し、理解を求めましょう。

文例 25 サービス対応の悪かったことについて謝罪する

Dear Mr. Morris:

Thank you very much for purchasing our products last month.

We would like to apologize for the unpleasant time you had at our customer center. We investigated the cause of this problem and the reason our important customer was made to feel unpleasant. It turned out that there was some confusion between the customer center and the repair section in answering your request.

We will make every effort to re-train our employees and promote smoother communication within our company.

Please accept from us a special discount coupon that you can use on your next order.

Thank you again for informing us about the problem.

Sincerely yours,

Useful expressions

We are very sorry to hear that you are disappointed with our service.
私どものサービスにご不満とお聞きし、大変申し訳なく存じます。

We are preparing to revise our customer service.
ただいま顧客サービスを見直し中です。

訳　例

モリス様

　先月は弊社商品をご購入いただき誠にありがとうございました。

　また、カスタマーセンターにて不快な思いをされたことに対し、深くお詫びを申し上げます。私どもでなぜこのような問題が起き、我々の大切なお客様に不快な思いをさせてしまったのかを調査致しました。その結果、お客様のリクエストにお答えする際、カスタマーセンターと修理部門との連絡において手違いが生まれてしまったことが判明しました。

　今後は社員の再教育を行い、社内における連絡をより円滑にすることに最大限努力を図る所存でございます。

　次回のご注文の際にご使用いただける特別割引クーポンを同封させていただきますので、お納めください。

　この度のご指摘誠にありがとうございました。

Point

　サービスの不備に対する指摘について礼を述べ、相手の受けた不利益や不快感を汲んで謝罪します。指摘を受けた問題に関して現状と今後の対処を明記し、理解を求めます。また、次回の取引を願う旨を記載するのもよいでしょう。

文例 26 提携の申し出をする

Dear Mr. Chase:

We are very interested in forming a joint venture with you.

Our printer is very popular in the Japanese market, holding an approximately 40% share. Now we are planning to enter the U.S. market. Though we have our own sales office, it is not enough to expand our business into the U.S. market. Therefore, we are considering a joint venture with a competitive company which has a strong sales network like yours. If you insist on using your existing brand name, we could propose an OEM arrangement.

We would like to start this discussion about a joint venture with you as soon as possible.

We enclose our financial report and product brochure. Also, our main bank, ABC Bank, would be willing to cooperate.

Please contact the following if you have any questions:

Mr. Koji Tanaka (Tel: +81-3-3345-0328, Fax: +81-3-3345-0300)

We appreciate your consideration in advance and look forward to your favorable reply soon.

訳　例

チェース様

　当社は貴社との提携に非常に興味があります。

　当社のプリンターは日本市場で高い評価を受けており、市場シェアは約 40％に上ります。この度、米国市場への参入を検討しているしだいです。当社は自社の販売代理店を持っていますが、米国市場拡販には力不足です。従って、当社は強い販売力を持つ貴社のような競争力のある会社との提携を考えております。もし、現在の貴社ブランドの継続を希望されるのであれば、OEM 生産での提携も検討致します。

　早急に貴社との提携に関する討議を開始したいと考えます。

　なお、当社の年次報告書及び製品カタログを同封します。また、当社メインバンクである ABC 銀行が貴社にご協力致します。

　必要がございましたら以下の担当者にご連絡ください。

　田中浩司
　（電話：+81 − 3 − 3345 − 0328　Fax：+81 − 3 − 3345 − 0300）

　ご検討を宜しくお願いします。前向きなお返事をお待ちしております。

Point
　謙虚さや謙遜ではなく自社の実績や技術力などに自信があることを述べ、自社と取引することが先方によい結果をもたらすことを強調するほうが信頼を得られます。

文例 27 提携の申し込みに対して回答する

Dear Mr. Johnson:

We thank you for your proposal of May 5th concerning a possible joint venture. We feel it is very attractive for us and would like to know more details about your proposal. We hope you would be able to visit our office at your earliest convenience.

Most important to us in our cooperation is our mutual benefit. Please provide us with more concrete ideas, such as business projections, pricing, our profit share, and conditions and terms of responsibility.
We look forward to seeing you soon.

We would also like to conclude a nondisclosure agreement in regards to our deliberations. Please find an enclosed draft of the NDA. If you have any comments on this draft, please advise.

Sincerely,

Useful expressions

We appreciate your interest in a possible alliance.
提携に関心をいただき感謝いたします。

We have to discuss it at our board meeting.
取締役会で話し合う必要があります。

訳　例

ジョンソン様

　5月5日付の提携に関する貴社ご提案を拝領致しました。当社は非常に興味を持っています。さらに詳細を討議したく、なるべく早く当社をご訪問いただきますよう希望致します。

　最も重要なことはこの協業によるメリットです。具体的な営業予測、価格、当社配分及び義務条項について具体的にお聞かせください。お会いできるのを事を楽しみにしております。

　なお、この検討に関して守秘義務協定を締結したいと考えております。素案を送付しますので、コメントがございましたらご連絡ください。

Point

　提携を受け入れるかどうかはともかくとして、申し込みに対する感謝の意を示すことは必要でしょう。その上で提携のための会談日を指定する、回答日を後日に定めるなどの返答をします。

Column　すぐに答えを出せない質問にどう答える？

　企業においては、仕事内容ごとに責任者がおり、最終決断の権限が委ねられています。しかし、すべての交渉の場に責任者が出席するというわけではなく、権限のない直接の担当者だけが出席しているということも多々あります。
　他にも事前の下調べが足りず、判断材料がないなど、その場ですぐに返答ができない状況はままあるわけです。このような場合には「多分大丈夫だと思います」などと思わせぶりな返答をせず、率直に「今はこういう事情ですぐに返答できない」と伝えたほうがよけいな誤解を生まずにすみます。

文例 28 提携の申し出を断る

Dear Mr. Johnson:

We appreciate your proposal for our partnership dated May 5th. However, we deeply regret that it would be very difficult for us to cooperate with you.

We have discussed the possibility of your proposed joint venture, and our final conclusion at our board meeting was to turn down your proposal. Recently, we have been focusing on the printer business in the U.S. and have just started investment in the expansion of a manufacturing facility. Therefore, your proposal does not coincide with our business strategy.

We ask for your understanding of our situation and hope to find another chance to collaborate with you in the near future.

Yours sincerely,

Useful expressions

Unfortunately, we are not interested in the Asian market at this moment.
残念ながら、現在のところアジア市場には興味がありません。

We regret that we are not able to make any investment.
残念ですが投資をすることはできません。

訳　例

ジョンソン様

　5月5日付の提携に関する貴社ご提案に感謝致します。しかしながら、誠に残念ですが貴社に協力することは困難です。

　社内で提携に関する可能性を討議致しましたが、取締役会の最終決議によりお申し出は辞退致します。当社は最近、米国でのプリンタービジネスに力を入れており、生産設備の拡充も開始したところです。従って、貴社のご提案は当社戦略と一致しない状況にあります。

　何卒事情をご理解ください。近い将来に別の協力ができることを切望致します。

Point

申し出を断る場合、あいまいにせずはっきりとその旨を伝える必要があります。まずは申し出への感謝を述べたあと、断りの理由も説明して理解を求めます。今後の取引についての展望などがあれば、それも述べます。

Column　問題を先送りするときはストレートに話す！

　交渉の過程において見えてきた問題に対し、いつでもすぐに対応できるとは限りません。問題が複雑なので持ち帰って検討する必要がある、決定権がないので上司に判断を仰がなければならないなど、理由はいろいろあるでしょうが、それはあくまで自社側の都合であり、一方的に先送りを告げただけでは相手も納得してくれません。このような場合に相手の理解を得るためには、なぜ結論を先送りにするのかという理由を率直に話すことが必要です。また、相手の都合も考慮しつつ、今後どのように進めるかという予定を話し合っておくと、不信感を和らげることができます。

文例 29 予約をとる

Dear Mr. Martin:

I am planning to visit the U.S. around the middle of May. During my stay, I would like to visit your company to discuss your inquiry. I would be able to visit you on the afternoon of May 14th or May 15th. Please advise when it would be the most convenient for you.

During my visit, I would like to discuss several outstanding technical issues. I will send some questions prior to the meeting and would appreciate it if you could provide comments for each one.

I look forward to seeing you soon.

Useful expressions

I would like to know if I might visit your office sometime this week.
今週中に御社に伺ってもよろしいでしょうか。

It would be great if we could meet to talk about our new products.
当社の新製品についてお話するためにお会いすることができれば幸いです。

I would appreciate it if you would let me know when you are free.
ご都合のよいときをお知らせください。

Please let me know if you are available at 2 p.m. on May 15.
5月15日の午後2時はご都合いかがでしょうか。

訳　例

マーティンさん

　5月中旬に米国訪問を計画しています。米国滞在中に貴社を訪問し、貴社引合いに関して討議したいと考えています。14日の午後か15日に訪問可能と考えています。最もご都合の良い日をご連絡ください。

　なお、訪問した際に懸案の技術課題について確認したいと存じます。会議に先立ち質問状を送付致しますので、項目ごとにコメントを準備頂ければ幸いです。

　お会いできるのを楽しみにしております。

Point

　どんな理由で面会したいのか、いつ、どこで面会したいのかを伝えます。日時や場所は、相手の都合もありますので「○日から○日の間で都合のよい日」など、選択の幅を持たせて提示します。

Column 「条件つきの」回答をする場合には

　交渉相手からの返答の要求に対し、すぐに明確な答えを出せるなどということはごくまれです。普通は、「こういう条件を受け入れるなら OK してもよい」というようにワンクッション置いた返答になることが多いでしょう。このような条件つきの返答をするのは、最終的な返答をするだけの材料がそろっていないといった事情があるからであり、相手にその旨がきちんと伝わっていないと後の交渉に支障をきたすおそれがあります。

　そこで、「こういう言い方をすれば、最終的な返答ではないことをわかってくれるはずだ」という希望的観測は交渉の場に持ち込まず、「この条件を受け入れていただかなければ最終的な返答はできませんが、よろしいでしょうか」などとこちらの意図が確実に伝わったことを確認しながら進めていく必要があります。

文例 30 予定の確認をする

Dear Mr. Martin:

We would like to confirm our appointment with you for May 20th. We will reach your reception desk at 1 p.m..

Visiting you will be:
    John Williams, Sales manager
    Jim Gordon, Chief engineer

Please find enclosed our proposed agenda. If you have any other topics to be discussed, please advise by return.

Sincerely,

Useful expressions

We are pleased to confirm your appointment on June 8.
6月8日の予約を確認いたします。

We would appreciate it if you could fax in advance the issues you would like to discuss at the meeting.
会議で話し合いたい議題がございましたら、前もってファックスでお知らせいただければ幸いです。

We will look forward to meeting you then.
そのときにお会いできるのを楽しみにしております。

訳　例

マーティン様

　5月20日の約束を確認致します。当日1時に受付にお伺いします。

　当方の訪問予定は次の2名です。
　　　　ジョン　ウイリアムス：営業マネージャー
　　　　ジム　ゴードン：主任エンジニア

　当日の議題を同封のとおり提案します。その他の討議すべき内容がございましたら折り返しご連絡ください。

Point

　事前にアポイントをとっている場合でも、その予定日間近になったら確認の連絡をしておいたほうが無難です。日時・場所、必要資料などについて記載し、先方にあいさつしておきます。

Column　相手からの非難にはどう対応する？

　交渉中の相手からの非難には、まず冷静になることが一番です。いわれのない罵倒や中傷を受けたら思わず感情的になるかもしれませんが、売り言葉に買い言葉となってしまってはその後の交渉の持続に支障をきたします。また、簡単に謝罪などしてしまっては相手のよいように交渉を進められかねません。ここは感情を抑え、交渉のプロとして相手が何を根拠に非難をしているのか、その目的は何なのかを見きわめることが重要になります。

　こちらに不備や失礼があったことが明らかな場合は、誠意ある謝罪と迅速な対応が求められます。相手の勘違いや誤った情報からくる非難であれば、相手の立場を損ねない表現を選んできちんと訂正しましょう。戦略の一つとして根拠のない言いがかりをつけていることがわかった場合も、直接的に反論するより軽くいなすほうが効果的です。

文例 31 予約を断る・延期する

Dear Mr. Williams:

We thank you for informing us about your visit in May. Unfortunately, most of us will be out of the office because we have a conference in Europe. So would you please change your schedule to the end of May, if possible?

We apologize for this inconvenience.

Sincerely,

訳 例

ウィリアムズ様

　5月訪問予定のご連絡ありがとうございます。残念ながら欧州で会議があるため、当社のほとんどの人間が会社におりません。できましたら、5月下旬に日程を変更いただきますようお願いします。

　不都合をお詫び申し上げます。

Point

　申し出を断るときは、先方の感情を損ねないように注意します。まずは申し出への感謝を述べ、断りの意を告げます。その理由と延期など代替案の提示、次の機会を希望する旨などを述べます。

Part 3

契約締結に役立つ文書

文例 32 引き合い・見積もり依頼をする

Dear Mr. Richardson:

We have learned from Mr. Brown of ABC Company that your company recently has produced a new cosmetic lotion and has started to sell it at a reasonable price. We are interested in purchasing your products as a Japanese retailer of various cosmetics and would like a quotation for the following item:

Description: XY Lotion
Quantity: 200 bottles
CIF Yokohama, in US dollars
Delivery Terms, Payment Terms

We also would like to know whether a volume discount is available. We are confident that your products will be welcomed in the Japanese market if they are competitively priced.

Your speedy attention to this matter would be greatly appreciated since we would like to discuss your product at our meeting on May 1.

Thank you very much for your cooperation.

Sincerely yours,

Useful expressions

We would appreciate it if you could quote a price as follows:
以下の見積もりをお願いいたします。

訳　例

リチャードソン様

　ABCカンパニーのブラウン様より御社が最近新しく化粧水を生産され、お手ごろな価格で販売され始めた旨を伺いました。弊社は日本にて化粧品各種の販売をしており、ぜひ御社の商品を購入したいと考えておりますので、以下の見積もりをお願いしたいと存じます。

　品名：XYローション
　数量：200本
　CIF（運賃保険料込み本船渡し）横浜、ドル建て
　納期、支払条件

　また、大口注文に対する割引があるかどうかについてもお伺いしたいと思っております。御社の商品がお手ごろな価格で提供されれば、日本市場において大変好評を博すものと自信を持っております。

　5月1日の弊社会議にて御社商品の件を話し合う予定になっておりますので、早期にご対応下されば幸いです。

　何卒ご協力を宜しくお願い申し上げます。

Point

　正確な見積もりを得るため、何がどれくらい必要かを明確にしておきます。支払い方法や代金などについて最低限の条件などがある場合にはそれも記載しておきましょう。

文例 33 契約交渉をする

Dear Ms. Smith:

Thank you for your offer, Ref. No. Q050102, of January 28th. It is our pleasure to inform you that we have decided to enter into negotiations with you for business transactions.

First, we would like to conclude a nondisclosure agreement (NDA) with you. This is required by our company policy in order to proceed with further negotiations. Please find enclosed our draft of the NDA.

We are also sending our standard general terms and conditions (T&C). We'd appreciate it if you would comment on it clause by clause.

Furthermore, we have drawn up an individual agreement in which we have summarized all points mutually agreed to so far during our discussions. If you have any queries, please advise by return.

We're looking forward to your prompt feedback on these issues.

Regards,

Useful expressions

We are pleased to sign the non-disclosure agreement (NDA).
機密保持契約に喜んでサインします。

訳　例

スミス様

　1月28日付文書番号Q050102のご提案を提出いただきありがとうございます。当社は貴社との取引全般に関する協議開始を決定した事をお知らせします。

　まずは、守秘義務協定を締結したいと考えます。さらに交渉を進めるにあたって当社としては当該契約締結が必要となります。同封の原案をご確認ください。

　また、当社の標準取引基本契約を送付致します。各章ごとに貴社のコメントをいただきたいと考えます。

　さらに、これまでの協議で合意した内容を個別契約書としてまとめました。もしも内容に同意できない箇所があればご連絡ください。

　上記の内容について貴社の迅速なご回答をお待ちしております。

Point

　契約書は法的にも強い効力を持ちます。契約書を交わしたあとで問題点が浮上しても手遅れですから、事前交渉は大変重要になります。先方の情報開示が必要な場合などには、その必要性を強く主張し、協力を求めていきましょう。

文例 34 口頭での合意内容を確認する

Dear Angela-san,

This is to confirm action items from our telephone conference last Friday. We have summarized the major issues from the meeting. Would you please review them and advise us if there are any misunderstandings?

Information:
All technical information requested by ABC shall be submitted by DEF by February 15th.

Alternative Plan:
DEF will provide more competitive alternative proposals suitable for the applications which ABC explained at the meeting. These alternative proposals should be made by February 15th.

Certificates:
DEF will fax and mail certificates of quality guarantee such as ISO9000.

Next Meeting:
Our next telephone conference will be held on February 20th at 9:00 a.m.. ABC will make the call to the DEF conference room. The agenda of the next meeting will be the finalization of the contract.

If the above minutes are acceptable to you, please sign your confirmation below, and send one copy for our file.

   Sincerely,

DEF Corporation   ABC Inc.

By:_____   By:_____
Date:_____   Date:_____

訳　例

アンジェラさん

　この文書は先週金曜日の電話会議での要処置事項を確認するためのものです。会議での主要な問題点を要約します。内容をご確認の上、誤解などありましたらご連絡ください。

情報：
　ABC社より依頼した技術情報をDEF社は2／15までに提出する。
代替案提案：
　DEF社は会議でABC社より説明のあった用途に則して、より競争力のある代替案を提案する。提案は2/15までに提出する。
証明書：
　DEF社はISO9000などの品質保証プログラムの認定証をFAXおよび郵送する。
次回打合せ：
　次回の電話会議は2／20午前9時から行う。ABC社からDEF社へ電話することとする。議題は契約の最終交渉の予定。

　上記の議事録に相違なければ確認の署名をし、一部コピーを当社ファイル用にご送付ください。

Point

　口頭での合意内容は、言った言わないの水掛け論になりがちです。とくに重要な約束事は早急に文書にし、確認し合ったほうがよけいなトラブルを生じさせずにすみます。必要に応じて文書に双方の署名をとるとより確実です。

文例 35 契約締結前の確認書をかわす

DEF Corporation
1-11-1 Marunouchi, Chiyoda-ku, Tokyo
March 1, 2011

Dear Sirs:

Subject : Letter of Intent for Sales Contract

We are pleased to inform you that we hereby officially intend to order from you, subject to the following terms and conditions. It is understood that both parties will exert their best efforts to execute a formal and final contract respecting the subject matter of this letter. We shall not be obliged to the other by this letter for failure to finally agree on a formal and final contract. The general basis and conditions recited in this letter are subject to a formal and final contract, if any.

As discussed, we have decided to proceed with work employing the following framework:

1. Scope of operations
2. Price
3. Payment terms
4. Delivery
5. Other Conditions

If the foregoing is acceptable to you, we request you to so indicate by signing and returning to us one of the enclosed copies of this letter of intent.

Very truly yours,
Accepted and agreed: ABC Inc.

DEF Corporation

By:_____   By:_____
Title:_____   Title:_____
Date:_____   Date:_____

訳　例

件名：商取引契約書

　当社はここに正式に下記の商務条件に従い貴社へ注文する意思があることを報告する。両社はこの文書に記載した内容に則して正式最終契約書の締結に誠実に最大限の努力をすることとする。ただし、たとえ最終的に正式最終契約書に合意できなくとも、互いに相手に対しこの書面により責任を追うものではない。またこの文面にうたわれている基本的枠組みと条件は将来正式契約書が成立した場合に有効となる。

　両社は討議内容に基づき以下の枠組みで仕事を進めることを決めた。

1．作業範囲
2．価格
3．支払条件
4．納期
5．その他条件

　上記内容に合意する場合には、同封のこの内示書のコピーに署名し、一部を返却するものとする。

Point

契約前の確認書として利用される文書を Letter of Intent（予備的合意）といいます。正式な契約書とは異なりますが、契約書と同等に扱われることもあります。

文例 36 契約書に関するやりとりをする

Dear Dan,

We have received your comments on our standard terms and conditions. Please find below our views on them:

Trade Terms:
Though you requested a CIF base, we prefer to use an FCA base because we have a special contract with the freight forwarder.

Payment Terms:
We ask for advance payment of 30%. The 50% that you proposed is unacceptable to us.

Warranty Period:
Your warranty period of 1 year is too short for us. We ask you to extend it to two years.

Compensation for Damage:
We will not be liable for consequential loss. Please reconsider this clause.

Governing Law:
We propose New York State Law as a compromise.

Please let us know if you are willing to accept our above proposals.
We will then draw up two originals of the revised standard terms and conditions and send them for your signature.

Thank you for your continued cooperation.

Sincerely,

訳　例

ダン様

　基本契約書に関するコメントをいただきました。
　下記のとおり当社見解を回答します。

貿易条件：
　CIFベースをご提案ですが、輸送業者との特別契約があり、FCAベースを希望します。
支払条件：
　前払金は30%でお願いします。50%前払いの根拠は納得できません。
保証期間：
　保証期間1年は短すぎます。2年に延長してください。
損害賠償：
　当社は間接損害を負うことはできません。再考してください。
準拠法：
　ニューヨーク州法を妥協案として提案します。

　上記の提案が合意可能であれば了解する旨を返信願います。
　サイン締結のために改訂基本契約書を原紙2部作成し送付致します。

　今後とも宜しくお願いします。

Point

　欧米などでは、双方が納得できる契約書が作成されるまでサインがなされないのが普通です。修正を希望する箇所がある場合は、遠慮せず何度でも書き直しを要求します。

文例 37 簡単な契約書を作成する

DEF Corporation
1-11-1 Marunouchi, Chiyoda-ku, Tokyo

March 1, 2011

Dear Sirs:

<u>Subject : Agreement</u>

This letter sets forth our Agreement with you, effective as of March 1st, 2011, concerning procurement of diodes.

1. Scope of Work: Manufacture, testing, and delivery of diodes
2. Name of product: Diode
3. Specifications: Type abc001
4. Quantity: 100
5. Price: Total value = $150.00
6. Payment terms: Net 30 days
7. Delivery: March 31, 2011 (FCA San Francisco Airport)
8. Other Conditions: Indemnity for arrears will be 0.1% of total value per day

If this letter correctly sets forth your understanding of the Agreement between DEF and ABC, please kindly so indicate by signing the original copy hereof and returning it to the undersigned and retaining a duplicate copy for your record.

Very truly yours,
Acknowledged and agreed: ABC Inc.
DEF Corporation

By:_____   By:_____
Title:_____   Title:_____
Date:_____   Date:_____

訳　例

件名：契約書

　本書面は、貴社・当社間のダイオード調達に関する 2011 年 3 月 1 日付で有効とする合意事項を確認するためのものである。

第 1 項　作業範囲：ダイオードの製造・試験・供給
第 2 項　品名：ダイオード
第 3 項　仕様：型名 abc001
第 4 項　数量：100 個
第 5 項　価格：総額 $ 150
第 6 項　支払条件：30 日後現金払い
第 7 項　納期：2011 年 3 月 31 日　サンフランシスコ空港渡し
第 8 項　その他条件：遅延賠償金は 1 日毎に契約額の 0.1％を支払う
　　　　　　　　　ものとする。

　本書面が貴社・当社間の合意内容を貴社の了解通り規定しているのであれば、同封の一部に確認の署名をし、当方へ一部を返却するものとする。また、一部を貴社にて保管するものとする。

Point

　常時行われているような少額の契約などでよく使用される簡単な契約書の例です。先方との信頼関係が厚い場合には、このような契約書を利用してもよいでしょう。文例の契約書は、仕事を外注する際に利用できるものです。内容は簡易ですが、雇用関係や責任の所在を明らかにする効果はあります。

Column　礼を欠いたりする可能性がある表現①　I'm sorry

　日本人は手紙、会話を問わず、とかく I'm sorry という表現を使いがちですが、それほど謝罪が必要でない場合にも使われていることが多いようです。それには、日本語の「ごめんなさい」「すみません」「恐れ入ります」これらのすべてを I'm sorry で置き換えようとしているからであるといえます。I'm sorry を多用すると、相手に卑屈で自信がないような印象を与えてしまいます。

　手紙で謝罪が必要な場合でも、始めと終わりだけで十分といえ、後は、それに対する対応などの行動に焦点をあてた説明を心がけましょう。

　また、日本語では「末筆ながら…」などと最後に謙遜する文を書くことがありますが、たとえ、書いた手紙の英語が心もとなくても、そういった表現は書く必要がありません。「それだけ不安な手紙を送ってきたのか」と失礼な印象を与えてしまいます。

(悪い例)
　I'm sorry I couldn't send our products by May 15. I'll send them next week. I'm really sorry that I caused you a lot of trouble. I'm sorry that my English is terrible.
(当社製品を3月15日までにお送りできずに申し訳ありませんでした。明日送ります。ご迷惑をおかけして申し訳ありません。また私の英語がひどくて申し訳ありません)。

(良い例)
　I'm sorry the delivery was not made by May 15. The reason for the delay was that the products were out of stock due to great market demand. I will send them out for sure next week. We apologize for the inconvenience caused by this delay. Thank you for your patience and understanding.
(このたびは3月15日まで配送がなされず大変申し訳ございませんでした。配送遅延の理由はそちらの製品が市場にて大好評を博し、ただいま在庫がございません。来週には確実にお送りできると思います。今回の遅延によりご迷惑をおかけしたこと申し訳ございません。何卒ご忍耐、ご理解をよろしくお願い申し上げます)。

Part 4

依頼・案内・挨拶・お祝い・お礼のための文書

文例 38 資料送付後のフォローアップをする

Dear Mr. Brown:

Thank you for your inquiry of January 18 about our products.

We would like to confirm whether you have already received our latest catalog sent via airmail to you on January 20.

I would be very happy to answer any questions and discuss any requests you may have. The products which you referred to in your mail are on Page 4 in the catalog.

If you need any other information, please feel free to contact us at any time. We will be happy to do our utmost in offering our best service to you.

We look forward to hearing from you soon.

Yours sincerely,

Useful expressions

We hope you have received our brochure by now.
弊社のパンフレットがお手元に届いたことと存じます。

I am writing to make sure that you received our catalog sent on July 25.
7月25日にお送りした弊社のカタログがお手元に届いたかどうか確認のため、お手紙をお送りしております。

訳　例

ブラウン様

　1月18日付のわが社の商品に関するお問い合わせをありがとうございました。
　1月20日付航空便にて最新カタログを送付させていただきましたが、すでにお手元に届いたかどうか確認させていただきたくメールを差し上げました。

　もし何かご質問がございましたら喜んで承ります。また御社からのリクエストなどお聞かせいただければ幸いです。先のメールで興味をお持ちいただいた商品はパンフレットの4ページにございます。

　もし、何か必要な情報など他にございましたらお気軽にいつでもご連絡ください。最高のサービスをご提供できますように努力させていただく所存です。

　近いうちにまたご連絡を頂けることを心よりお待ち申し上げております。

Point

資料を送りっぱなしにするのではなく、きちんと届いているか、疑問点などがないかといったことを問い合わせると、今後の取引が可能かどうかといったこともつかむことができます。

文例 39 売り込みをする

Dear Ms. Maria:

I was referred to you by Mr. Ozawa, your representative in Japan. We have learned of the good position you hold in the European market, so I would like to take this opportunity to introduce our product to you.

Our product is well received mainly in the Asian market. We had achieved sales of over one million sets by the end of 2009. Moreover, our customers, systems coordinators like you, have expanded their business volume by over three times after selecting our product. We are convinced this is mainly because our product enables diversification of systems. Our product is also more sophisticated, compact and lighter that any other existing models.

If you have any interest in our product, please feel free to contact our representative in London or me anytime. I am willing to have a meeting with you to provide further information about our product and the possibility of doing business together.

Please find our product brochure and also our annual report for your information.

I look forward to a good business relationship with you in the near future and will be waiting for your reply.

Very truly yours,

訳　例

マリア様

　貴社の日本代表である小沢様より、マリア様の事をご紹介いただきました。貴社のヨーロッパ市場でのご高名はよく承知しております。この機会に当社の製品をご紹介したいと考えます。

　当社の製品はアジア市場では大変好評を頂いております。2009年末までに百万台の売上実績を上げました。また、当社のお客様である貴社のようなシステムコーディネーターの方々は、当社製品を採用後売上げを3倍以上伸ばしておられます。これは、当社製品がシステムの多様性を可能とするものであることが一つの要因となったと自負しております。当社製品は既存のどの製品よりも洗練され、コンパクトで軽量です。

　もし、ご興味をお持ち頂けるのであれば、いつでも当社のロンドン代表もしくは下名にご連絡ください。我々の製品に関して、また潜在ビジネス可能性について、さらに詳細にご説明するためにお会いしたいと考えております。

　製品カタログおよび当社の会社概要報告書（Annual Report）を同封いたしますのでご確認ください。

　近い将来に貴社との商談がまとまることを期待しております。ご連絡をお待ちしております。

Point
　取引先などから紹介を受けた場合は紹介者、雑誌やイベントなどで情報を得たならばその旨を記載して先方に信頼感を与えるようにしましょう。

文例 40 売り込みに対して返答する

Dear Mr. Johnson:

Thank you for your information about your new product and your company dated March 25th, 2011.

We are very interested in your new product and feel it can be applied to our new system now under development.

Would you please submit a proposal to us as soon as possible? We would also appreciate it if you could visit our company to make a detailed presentation of further information at your earliest convenience.

Please let us know when you can visit us. We would appreciate your prompt reply.

Regards,

Useful expressions

We would appreciate it if you could send us more information about your products.
貴社の製品についてより詳しい資料をお送りいただければ幸いです。

We would like to know more about your new products.
貴社新製品についてもっと詳しく教えていただければ幸いです。

We are very sorry, but we are not interested in your proposal at this moment.
大変残念ですが、今のところ貴社のご提案には興味がありません。

訳　例

ジョンソン様

　5月25日付で新製品及び貴社に関する情報をいただきありがとうございます。

　当社は貴社の新製品に大変興味を持ちました。当社が開発中の新システムへの適用が期待できます。

　まずは、ご提案書の提出を至急お願いします。また、当社をご訪問いただき、さらに詳細情報をプレゼンいただきたいと考えております。

　訪問可能日をご連絡お願いします。貴社より迅速なお返事がいただけるのをお待ちしております。

Point

売り込みすべてに返答する必要はありませんが、取引を検討する場合や、今回は見送りでも先々取引をしたいと考える相手の場合には、接触を続ける旨の返答をしておきましょう。

Column　礼を欠いたりする可能性がある表現②　I ask you ～

「お願いする、頼む」という意味で使いたいところですが、この表現では、命令口調になってしまいます。

(悪い例)
　I ask you to evaluate the ABC Machine by the end of this week.

(良い例)
　I would like you to evaluate the ABC Machine by the end of this week.
　May I ask you to evaluate the ABC Machine by the end of this week?
　(今週末までにABC機の評価をお願いします)。

文例 41 ダイレクト・メールの案内文

Dear Corporate Administrators:

I am writing on behalf of Healthsports, a total body conditioning service provider operating six sport gyms and a health and dietary counseling center to meet the needs of health conscious business executives in the central Tokyo districts. This is a letter to introduce you to our corporate program.

Established in 1990, Healthsports currently has over 300 corporate clients and over 20,000 regular memberships. Our gyms are all conveniently located near business areas and have easy access to public transportation. Catering to the needs of busy professionals, our services are fully open from 6:30 a.m. to midnight, Monday through Friday, and 8:30 a.m. to 9:00 p.m., Saturday and Sunday.

Should you have any interest in providing your staff an improved, balanced work life, please do contact us. We have a promotional offer between April 1 and June 30 for those potential corporate clients with more than thirty-five users. For details please call 0120-225-444.

We look forward to serving you!

Useful expressions

Dear Valued Customer:
お客さま各位

訳　例

法人総務の関係者へ

　東京の中心部にて6つのスポーツジムとヘルス・ダイエット・カウンセリングセンターを通じて、トータル・ボディ・コンディショニング・サービスを提供しております、ヘルスポーツを代表し、御連絡申し上げております。コーポレートプログラムのご案内のお手紙を差し上げております。

　私どものヘルススポーツは1990年に設立され、現在300以上の法人顧客と2万人以上の定期ユーザーにご支援いただいております。私どものジムはビジネス街近く、そして公共交通手段へのアクセスのよいところにすべて位置しております。お忙しいビジネスプロフェッショナルの方々のために、私どものサービスは、月曜〜金曜は午前6時半から午後12時まで、土曜・日曜は午前8時半から午後9時までフルにご利用いただけるようになっております。

　従業員の皆様に、よりよい、バランスのとれたワーク・ライフをお過ごしになることをお望みでしたら、ぜひ御連絡ください。35人以上の個人ユーザーのいらっしゃる法人のお客様向けに、4月1日から6月30日の間はプロモーション期間とさせていただいております。詳しくは0120−225−444に御連絡ください。

　ご利用いただけることを楽しみにしております。

Point
　たくさんのダイレクト・メールの中から関心を持ってもらうためには、先方のニーズに沿った内容、自社と取引することのメリットを強くアピールした内容とすることが重要です。担当者の連絡先を記載するなど連絡をとりやすくする工夫もしておきましょう。

文例 42 キャンペーンの案内をする

Dear Valued Blue-label Card Holder:

Spring has come, and so has our annual spring bonus point campaign! During the next two months starting March 20, you will receive double points for any purchase you make using your Blue-label at our member stores.

Moreover, if your birthday happens to fall during this campaign period, you will receive an additional 1,000 points on your birthday purchase. So come to our store on your birthday and celebrate!

For more information regarding our annual spring bonus point campaign, please call 0120-222-555, and our customer representative will assist you.

Thank you, and see you at our stores!

Useful expressions

We are having our Summer Sale offering 30% off on all products.
現在、全商品を30％オフでご提供するサマーセールを開催中でございます。

We are very excited to let you know that our special campaign will be starting on July 15.
７月15日からスペシャルキャンペーンを開始することをお知らせできてうれしく思います。

For more information, please see the attached flyer.
より詳しい情報につきましては、同封のチラシをご覧ください。

訳　例

ブルーレーベルカード保持者の皆様へ

　春がやってまいりました。私どもの恒例春のボーナスポイントキャンペーンが始まります。3月20日から2か月間、加盟店でブルーレーベルカードをご利用のお買い物にはすべて2倍のポイントを差し上げます。

　また、この期間中にお誕生日をお迎えの方には、お誕生日の日のお買い物には1000ポイントの追加ポイントを差し上げます。ぜひお誕生日のお祝いを当店でなさってください。

　春のボーナスポイントキャンペーンについて何かお知りになりたいことがございましたら、0120-222-555へお電話ください。お客様係がお手伝い致します。

　それでは当店でお会いできるのを楽しみにしております。

Point

　キャンペーンの案内では、催されることをお知らせするのはもちろん、興味を持ってもらえるようにすることが必要です。とくに日程や時間の限定がある場合は、くれぐれもまちがいのないように確認しておきましょう。

文例 43 新製品・サービスを紹介する

Dear Valued Customers:

We at ABC Apparel have been introducing fashionable clothing from Europe for over five years on our Web shop to our customers. Today we are pleased to announce that we can now offer you the same service for accessories!

Owing to the conclusion of a licensing contract with a manufacturer in France last month, we can offer you a gorgeous series of their accessories at reasonable prices. You can now have the chance to purchase beautiful pierced earrings, necklaces, bracelets, bangles and more.

Reply now, and we will send you a free catalog with our price list, or view it online by clicking on the new "Accessories" button on our Web page.

Yours sincerely,

Useful expressions

We would like to introduce our new products. We hope you will try the new model and see how much easier it is to use.
新しい製品をご紹介いたします。新しいモデルをお試しいただき、使いやすさを実感していただければ幸いです。

You are invited to use the new service. Our new system will be able to deliver your order more speedily.
新しいサービスをどうぞご利用ください。ご注文商品をより速くお届けできるシステムでございます。

訳　例

お客様各位

　当社 ABC アパレルは 5 年に渡りサイト上にて、ヨーロッパ直輸入のファッショナブルな洋服を皆様にご紹介してまいりました。本日はアクセサリーについても同様のサービスを行うこととなりましたので発表させていただきます。

　先月フランスの業者とのライセンス契約を交わしまして、皆様へ豪華なアクセサリーの数々をご提供できるようになりました。皆様にはピアス、ネックレス、ブレスレット、指輪などをさらにお安い値段でお求めいただけるチャンスです。

　今すぐお返事いただければ、価格表のついた無料カタログをお送り致します。また、当社ウェブサイトページの新しい「アクセサリー」ボタンをクリックしてオンラインにてカタログをご覧いただけます。

Point
　新製品やサービスが従来のものとどう違うのか、どんな特徴があるのかといったことを強調して書き、先方に関心をもってもらうようにします。詳しい説明やパンフレット送付の準備があることを伝えたり、購入方法の説明を記載することも重要です。

文例 44 新しい顧客を歓迎する

Dear Club Entrepreneur Member:

I would like to extend our warmest welcome and thanks for joining Club Entrepreneur, a small business owners' executive support service providing up-to-date industry information and market data and hosting monthly Executive Conference and Workshops where you can mingle with like-minded people.

Our membership is rapidly growing, and our network's value increases with each additional member. Our Executive Conference and Workshops have always drawn over 200 participants from various industries. One of the most popular events at the Conference is "Matchmaker" where sellers and buyers, advice seekers and providers, etc. are arranged to meet. A number of business deals have been made through this program. I hope you will also find our Conference and Workshops useful to your business needs.

Again, thank you for joining us. Should you have any questions regarding any of our services, please contact our Member Services at 0120-444-563 or e-mail at info@club.ent.or.jp. Detailed information is also available on our website (http://www.club.entrepreneur.or.jp/services/info). We look forward to serving you.

Sincerely,

訳　例

クラブ・アントロプレナーメンバー各位

　クラブ・アントロプレナーへようこそ、そして入会いただきありがとうございました。クラブ・アントロプレナーは中小企業の事業主様向けのエグゼクティブサポートサービスを提供させていただいている組織で、業界の最新情報や市場データを提供したり、月次のエグゼクティブ会議・ワークショップを開催したり致しまして、同様なご興味をお持ちの方々が交流できる場をご用意しております。

　私どもの会員数は急速に増えておりますが、お一人会員が増えるごとにネットワークの重要性が増しております。エグゼクティブ会議・ワークショップは毎月200人以上の方々にご参加いただいておりますが、会議の場にて最も人気の高いイベントには「マッチメイカー」がございます。これは売りたい方・買いたい方、あるいはアドバイスを欲しい方・提供したい方、などのお引き合わせをさせていただく場でございます。多くの商談がこの場を通じて成立しています。お客様にとってもこの会議・ワークショップがお役に立てれば幸いです。

　今一度、お客様のご入会に御礼申し上げます。もし何かご質問などございましたら、会員サービス（0120-444-563）に御連絡いただくか、またはinfo@club.ent.or.jpまで電子メールをいただければと幸いです。詳細な情報はホームページ（http://www.club.entrepreneur.or.jp/services/info）にもございます。お客様のご利用をお待ちしています。

Point
新たに顧客となった人や企業には感謝の意を伝えるとともに、今後の取引に満足してもらえるよう、鋭意努力していくことを約束してよい関係づくりの一助とします。

文例 45 見本市への出展依頼をする

The 10th Tokyo Embedded Technology Conference is seeking companies and engineers involved in the development of, providing products and services for and/or manufacturing products with embedded systems to open a booth at the trade show to be held in conjunction with the Conference. Last year, there were over 100 participants who also co-sponsored the event with their own booth. A large number of participants responded that the trade show led to various new business opportunities.

If you are interested in a unique opportunity to present your products and services to the Japanese as well as to potential overseas business associates, you should not pass up this event. You can choose a lot size from small, medium and large, depending on the scale of your exhibit. Just complete the enclosed application form and fax it to 03-3467-0997.

Useful expressions

This is your best opportunity to meet industry leaders.
業界のリーダーたちに出会う絶好のチャンスです。

You will reach the biggest buyers' market in Asia.
アジアでもっとも大きなバイヤーの市場に接することができるでしょう。

訳　例

　第10回東京組み込みテクノロジー会議では、組み込みシステムの開発、製品・サービスの提供、または組み込みシステムを使った製品を製造している会社または技術者の方々で、会議と同時に開かれる展示ブースを開きたい方々を募集しております。昨年は、100社以上がブースを出展、そして協賛されました。多くの参加企業から、展示会は新たなビジネスの機会につながったとお聞きしております。

　日本そして世界の潜在的なビジネス・コンタクトに自社の製品やサービスを宣伝できる有意義なチャンスにご興味がおありでしたら、この機会をどうかお見逃しなく。ブースのサイズは小・中・大から、展示サイズによってお選びいただけます。同封の申込用紙に書き込み、03－3467－0997までファックスにてご送付ください。

Point

　見本市成功のためには、参加企業が趣旨を理解し、充実した内容の出展をしてくれるように支援する必要があります。開催の日時、場所、ブースの広さ、テーマ、ほかの出展予定者などを伝えるほか、出展による業務への効果なども強調します。

文例 46 講演の依頼をする

Dear Mr. Williamson:

I hope my letter finds you well.

Unified Financials will be hosting a commemorative dinner on May 15, 2011 to celebrate the 15th anniversary of the successful partnership formed between Carnegie Bank and Linford Union Bank. We will be inviting over 200 individuals involved in various industries to Lawrence Function Hall in downtown Houston. On behalf of the Unified Financials Anniversary Organization Committee, I would like to invite you as a keynote speaker.

The celebration will start with a cocktail hour at 5 pm, with the dinner at 6 p.m.. There will be some short opening remarks from Dorothy McGuire, CEO, and the keynote speech to follow. We would like to ask you to give a 30-minute overview of the prospects of cross-border mergers and competition in the financial industry for the next three to five years.

We would be honored to have you as a speaker. I would appreciate it if you could let us know if you are interested. Also, if you have a going rate for this type of engagement, please inform us.

Respectfully yours,

訳　例

ウィリアムソン様

　ご健勝のことと存じます。

　2011年3月15日にユニファイド・フィナンシャルズはカーネギー・バンクとリンフォード・ユニオン・バンク合併15周年記念ディナーを開催致します。あらゆる業界から200人以上の方々をお招きして、ダウンタウン・ヒューストンにございますローレンス・ファンクション・ホールにおいて開催したいと思っております。ユニファイド・フィナンシャルズの記念行事企画委員会を代表し、基調講演を依頼したくお便り申し上げておりますしだいです。

　祝宴は午後5時にカクテルアワーで始まり、夕食は6時からとなります。まずCEOであるDorothy McGuireが開催の辞を述べまして、それから基調講演となります。宜しければ30分ほどで、今後3～5年における金融機関の国境を越えたM&Aと競合関係についてご講演いただければと思います。

　講演者としておいでいただければ光栄でございます。ご関心の程をお知らせいただけると幸いです。また、このような講演に対し、通常決められている講演料などがございましたらご連絡ください。

Point

　まずはイベント開催の趣旨、規模、日時、場所を伝え、依頼の受諾をお願いします。講演のテーマや講演料などが決まっている場合はその旨を、先方の希望を聞くことができるならその旨を伝えます。ある程度、返答の時期を決めておくほうがよいでしょう。

文例 47 講演のお礼を述べる

Dear Richard:

I would like to extend my sincerest appreciation for your exceptional contribution to the European Telecommunications Conference. The annual conference has been one of our critical driving forces to introduce the latest technology and strengthen ties with our key customers in the region.

At the conference this year, your presentation played a pivotal role in illuminating the recent advancement of the software development tools divisions. The industry is realizing the importance of configuration management in order to increase productivity.

The participant feedback has been most complementary. An overwhelming number of people have expressed wishes to hear your views again, and it is clear that your professional knowledge is on the cutting edge of the industry.

Thank you for your contribution, and we hope we will have the honor of having you again.

Respectfully yours,

Useful expressions

The information you gave was very educational and interesting.
お話していただいた情報は大変参考になり、興味深いものでした。

訳　例

リチャード様

　弊社の欧州テレコミュニケーションズ会議に多大なるお力添えをいただきましたことに対し、心よりの感謝の意を表したいと思います。この年次行事は最新の技術と鍵となる本地域における顧客との関係を深めるのに非常に重要な推進力の一つとなっております。

　今年の会議では、ソフトウェア開発部門支援ツールの最近の発展に光をあてることにおいて貴殿の発表が要の役割を果たしてくださいました。業界では生産性向上においてコンフィギュレーション管理の重要性についての理解が深まってきている段階でございます。

　会議の参加者から寄せられた意見は貴殿の発表を賞賛しておりました。非常に多くの方々が再度貴殿のお考えを拝聴したいと述べており、これは貴殿の知識が業界の最先端である証であると思います。

　私どもの会議に貢献していただき、ありがとうございました。またご参加いただけるよう祈念しております。

Point

　先方にとって顧客からの好評価は、今後他社と取引をしていく上での重要な売り込みポイントとなりますから、お礼とともに聴衆からの評判や講演を依頼した感想などをつけ加えておくとよいでしょう。

文例 48 取材の依頼をする

Dear Mr. Bergman:

I hope my letter finds you well.

My name is Alice Brown of XYZ Corporation, and I am the Marketing Director in charge of our Asia Pacific operation. I am writing to you in the hopes of having the honor of interviewing you and hearing your perspectives on the changing market environment in the region and of any potential action which may be required for foreign companies like us.

As one of this region's major trading companies, XYZ Corporation has been successful in establishing a strong foothold in promising national markets in Asia. The region's economic environment, however, embodies uncertainties that concern us in our pursuit of further growth. While studying regional governmental efforts supporting foreign companies, we found your article in the Asian Market Weekly and thought it would be an invaluable opportunity if we could directly hear your views about potential issues to watch out for and how we could cooperate with regional governments.

The interview should not take more than ninety minutes, and I would like to visit you along with one of my staff, Mr. Nicholson. I would appreciate it if we could visit you during the first week of July. Would you kindly let me know whether you could give us the opportunity?

I look forward to hearing from you soon.

Yours respectfully,

訳　例

バーグマン様

　ますますご健勝のことと存じます。

　私は XYZ Corporation でアジア・パシフィック地域担当のマーケティング・ディレクターをしておりますアリス・ブラウンと申します。今回お便りをさせていただきましたのは、宜しければインタビューをさせていただき、本地域における変化に富む市場状況と、私どものような外資系会社がとるべき施策についてのお考えを拝聴する機会をいただけないかお願いさせていただくためでございます。

　XYZ Corporation は、地域の主要商社として、アジアにおいて成長可能性の高い各国市場に確固たる基盤を築くことに成功して参りました。しかしながら、本地域の経済状況は不安定要素をはらんでおり、さらなる成長を求める私どもにとっては注意を要する状況です。政府の外資系企業サポートを調査しております際に、アジア・マーケット・ウィークリーに掲載された貴殿の記事を拝見し、今後着目の必要な課題や地域政府との協力の仕方などにつき直接ご意見いただけるのであれば非常に価値ある機会になると思ったしだいです。

　インタビューは１時間 30 分程度のお時間でかまいませんが、ニコルソンという私どものスタッフと共に伺えればと思っております。７月の第１週に伺えれば幸いです。今回このような機会をいただけるかどうかにつきお返事いただけませんでしょうか。

　貴殿よりのお返事、心よりお待ち申し上げております。

Point

　初めての相手に取材を申し込む場合は、自社がどんなメディアか（媒体の種類、雑誌名や番組名など）を伝えた上で、取材の趣旨、取材方法などを伝えて都合を聞きます。

文例 49 協力を求める

To whom it may concern:

I am an analyst at Tamura Research Institute in Tokyo, Japan. My specialization is Asian social policy, and I am currently studying the ripple effects of the 1997 currency crisis on policies related to rebuilding shattered societies.

I am writing to you in hopes that you would grant me access to the volumes of data books you have compiled on the details of the damage brought about by the crisis to each locality in Thailand. I have heard that you received exclusive rights to study the damage and your data book series codifies the best sets of figures to substantiate the condition reported. I also heard that there are only two sets of volumes, one in your facility and the other in the European Library for Asian Studies in London, and that only your facility allows public access to the volumes.

I would appreciate it if you would kindly let me know if you could grant me access to your reading facility and the volumes. As showing fact-based charts is always a critical factor in our studies, I hope that I can make the best use of your valuable work.

I look forward to hearing from you soon. Thank you very much for your kind consideration in advance.

Yours sincerely,

訳　例

御担当の方へ

　私は日本・東京にございます田村総研のアナリストをしております。専門分野はアジアの社会政策ですが、現在は1997年のアジア金融危機が、損壊社会再建に関連する政策にどのような影響を与えたのかということにつき研究をしております。

　お便り申し上げておりますのは、タイの個々の地域が金融危機によってどのような損失を受けたのかについての詳細データが掲載されているデータブック閲覧のお許しをお願いをさせていただくためです。タイ政府から被害の研究に関する独占的な権利を与えられ、御機関のデータブックが状況を実証するには最適なデータを取りそろえているとお聞きしております。また、データブックは2セットしかなく、一つは御機関の施設に、そしてもう一つは欧州アジア学図書館にしかないということで、一般閲覧は御機関の閲覧室でのみ可能です。

　御機関の閲覧室とデータブックセットへのアクセスをいただけるかどうかお知らせいただけると幸いです。事実に基づくグラフを元にした分析が重要だと私どもは考えており、御機関の価値あるデータを有益に利用したいと思っております。

　すぐにお便りいただけることを心待ちにしております。御高配に感謝致します。

Point

　協力を求めているのが誰で、どういう理由なのかということを十分理解してもらわなければ、望む協力を得ることはできません。求める内容を詳しく記載するとともに協力の必要性と熱意が伝わる文章を心がけ、最後に感謝の意を述べます。

文例 50 紹介を依頼する

Dear Jurgen:

It was a pleasure to get to know you on the flight from Frankfurt to Hong Kong. I did not realize there were so many German entrepreneurs doing business in Guanzhou. You spoke fluent Cantonese with the flight attendant, and I even thought you could be half Chinese!

Attached please find a detailed description of the business forum BizConnect is currently organizing. We have so far been able to attract over 200 business owners from across the region. We are all excited about the opportunity to widen our network of like-minded executives. We expect the first forum to take place in June this year, and Shanghai will be the host city.

I would appreciate it if you could connect me to some key persons in Guanzhou. Increasing membership in the area would be a delight, and I believe you can contribute much to that end. If you need further information, please feel free to contact me at the numbers attached.

Best regards,

Useful expressions

If you know anyone who fits the description, I would appreciate it if you could introduce him/her to us.
もしこの記述に合う方をご存じでしたら、ご紹介いただければ幸いです。

訳　例

ユルゲン様

　フランクフルト－香港間のフライトでお知り合いになれて光栄でした。広州にそれほど多くのドイツ人事業家がいらっしゃるとは思ってもいませんでした。搭乗員と流暢な広東語を話されていて、中国人とのハーフかと思いました。

　ビズコネクトが現在設立しようとしているビジネスフォーラムの詳細情報を添付しましたのでご覧ください。今までに200人以上の地域の事業主の方を集めることに成功しています。似たような関心事をお持ちのエグゼクティブ間のネットワーク作りにとても高揚しているところでございます。最初のフォーラムは今年6月に、上海をホスト地として行いたいと思っております。

　広州のキー・パーソンを何人かご紹介いただけると光栄です。其の地域のメンバーを増やせることは喜ばしいことであり、貴殿にお手伝いをお願いできるのであれば期待しております。もしさらに情報が必要でしたら、添付にある連絡先に気兼ねなくご連絡いただければと思います。

Point

　最近の取引のお礼や、面会時の感想など簡単なあいさつのあと、用件に入ります。紹介してほしい相手の条件や、紹介を希望する理由などを書いて理解と協力を求め、この時点で感謝の意を伝えておきましょう。

文例 51 知人を紹介する

Dear Yoshio:

I hope everything is well with you.

I was in New Orleans last week and met an MCB Ph.D. candidate interested in working for a Japanese pharmaceutical company. His mother is half-Japanese, and he speaks fluent Japanese. I thought you were looking for an expert in molecular science with the latest American education, so you may also be interested in meeting him.

Here is some contact information:
  Charles P. Johnson
  Ph.D. Candidate in molecular cell biology, Tulane University
  The University Hall, P.O. Box 210
  6823 St. Charles Avenue
  New Orleans, LA 70118 USA

Sincerely,

Useful expressions

I thought you might be interested in the service they offer.
彼らが提供するサービスに関心がおありかと思いました。

I would be happy to introduce you to a person who is working as a coordinator.
コーディネーターとして働いている人物を喜んでご紹介させていただきます。

訳　例

ヨシオ様

　お元気でいらっしゃることと思います。

　先週ニューオーリンズにいたのですが、そこで日本の製薬会社で働きたいという、MCB 博士号取得予定者に会いました。彼の母親は日本人のハーフだそうで、彼も日本語は達者です。確か、貴殿は細胞生物学の専門家で最新の米国教育を受けた人を探していたと思いますので、お知り合いになるのもよいかと思います。

　彼の連絡先は以下の通りです。
　チャールズ・P・ジョンソン
　チューレーン大学細胞生物学博士課程
　ユニバーシティ・ホール　ポストボックス 210 号
　6823 St. Charles Avenue
　New Orleans, LA70118, USA

Point

　仲介者として知人や取引先を紹介する場合は、自身の信用にも関わりますから、紹介する人や企業と自身との関係、紹介の理由、取引するに足る相手であることの PR などを詳細に述べます。

文例 52 転載許可を求める

Dear Sir/Madam:

I would like to have your permission to reproduce Chapter 1 (Introduction) and Chapter 6 (Strategy Building) of the book The Action-oriented Manager Manual, third edition, by Edward H. Rosen. The book indicates that the work was copyrighted by The University of Pennsylvania Press in January, 1992.

I am teaching an MBA course at the Kendall University School of Business and would like to produce 15 copies each for use in my seminars to be offered in the fall semester of 2011. The material will comprise a critical part of my students' supplementary reading and will be provided only at the cost of photocopying in the university-designated copy centers.

I would appreciate it if you could respond to me by February 25, 2011 as we need to finalize the master list of course materials by the end of March.

Please feel free to contact me if you have any questions.

Thank you very much for your cooperation.

Respectfully yours,

訳　例

ご担当者様

　エドワード・H・ローゼン著「アクション・オリエンテッド・マネジャー・マニュアル」の第1章（イントロダクション）と、第6章（ストラテジービルディング）の転載許可を得られないかと思っております。ペンシルバニア大学出版が1992年1月から有効な著作権を所有する旨が記載されておりました。

　私はケンダル大学ビジネススクールでMBAコースの講義をしておりますが、2011年秋学期のセミナーで使用するために15部コピーさせていただきたいのです。これは学生の副読教材の重要な部分となり、大学指定のコピーセンターを通じ、コピー料のみで配布することになります。

　3月末には教材のマスターリストを完成しなければならないため、2月25日までにお返事いただけませんでしょうか。

　ご質問などございましたら、お気兼ねなくご連絡くださいませ。

　ご協力ありがとうございます。

Point

　転載許可は、雑誌や本などの出版物の著作権者に対して求めます。まずは自己紹介をし、転載したい本の情報（著者、出版社、発行年月日など）、転載したい箇所、使用目的などを述べて協力を求めます。最後に返答期日と、感謝を述べましょう。

文例 53 転載許可を与える

Dear Ms. Bowers:

Thank you for your interest in my article and the request for permission to use it in your periodical. I am more than honored to grant you permission to reproduce it. I understand that my article will be part of your June issue and that no modifications or changes will be made.

I ask you to print the following note with my article:
"All rights reserved by Clint Andersen."

Also, I would appreciate it if you would send me a copy of the issue with my article.

I hope your editorial team as well as readership will find my article a valuable contribution to your publication.

Sincerely yours,

Useful expressions

I would be happy to grant you permission to use the article in your magazine.
私の記事を貴誌に転載する許可を喜んで与えます。

I would be appreciate it if you could send me a copy of the article.
その記事のコピーを1部を送っていただければ幸いです。

訳　例

バワーズ様

　当方の論文へのご関心と、その転載許可に関するお問い合わせをありがとうございました。喜んで転載を許可させていただきたいと思います。6月号に掲載されるということ、そして内容・構成に関しては一切修正・変更はないものと理解致しております。

　以下の文を、当方の論文とともに掲載願えますでしょうか。
「クリント・アンダーセンが全権利を有する」

　また、当方の論文が掲載された号を一部いただけると有難く存じます。

　貴社の編集陣、そして読者の方々が当方の論文の掲載が有益であると思われることを願っております。

Point

　確認の意味もこめて、転載許可を与える出版物の名前、使用方法など申請のあった内容を転記します。必要に応じて転載時に記載すべき許可文なども記載します。

文例 54 転載許可を断る

Dear Ms. Bowers:

Thank you very much for your recent inquiry concerning your interest in reproducing the article "Branding Strategies for World-class Service Providers" in your publication. We are honored to have a critical audience like you.

The work of your interest, however, remains the property of the author, Clint Andersen; therefore, permission must be obtained directly from Mr. Andersen. Please find his contact number, address, and email address for your convenience below:

Phone number: 425-423-5562
Address: 550 California Street, Suite 3502, San Francisco, California 94723
Email address: c.andersen@abccorp.com

Please let us know if you need further assistance with this matter.

Best regards,

Useful expressions

Unfortunately, the copyright for this article rests with the author.
残念ながらこの記事の著作権は著者がもっています。

As company policy, we are unable to grant its reproduction.
会社の規則で複製の許可はできません。

訳　例

バワーズ様

　弊社掲載論文「世界クラスのサービス・プロバイダー」について、貴殿出版物への複製に関してお問い合わせいただきありがとうございました。

　興味を持っていただいた論文は、クリント・アンダーセン氏の著作ですので、転載許可に関してはアンダーセン氏から直接得なければなりません。以下に電話番号、住所、電子メールアドレスを記しますので、ご利用いただければと思います。

　電話番号：(425) 423-5562
　住　　所：550 California Street, Suite 3502, San Francisco,
　　　　　　California 94723
　電子メールアドレス：c.andersen@abccorp.com

　何かまたお手伝いが必要なことがございましたらご連絡いただければ幸いです。

Point
　許可を出せない理由を明確にし、理解を求めます。何らかの条件をクリアすれば許可が出せる可能性がある場合や、著作権者が異なる場合にはその旨を記載します。

文例 55 値上げの案内をする

Dear Valued Customer:

ABC is announcing a price increase of 20% for our vinyl chloride products.

Resin suppliers have been demanding a price increase for raw materials from the end of last year. Such demands have been repeated several times these past three years. Because competition in our business field has been so severe, and no customer would accept this price increase, we have held down our price for three years.

We have continually tried to reduce our costs, but we have come to the end of our limits. As you well know, the price of oil rose more than 30% over that of last year, and we are not able to absorb such a cost increase. Under these circumstances, we are convinced there is no other way except for a price increase to maintain our business.

We ask for your understanding of this critical situation and acceptance of this price increase.

We look forward to serving you now and in the future.

Useful expressions

Effective March 12, the price of XXX will increase by 5%.
3月12日付で、XXXの値段は5％上がります。

訳　例

お客様各位

　ABCは当社の塩化ビニール製品の価格を20%値上げすることをお知らせします。

　樹脂供給メーカーが、昨年末より材料費の値上げを要求しています。この3年間値上げの要請は繰り返しありました。しかしながら当社ビジネス環境は厳しく、お客様はこの値上げを受け入れて頂けないと考え、3年間当社価格は据え置いてきました。

　我々はコスト削減に絶えず努力してまいりました。しかし、その努力も限界が来ています。ご承知の通り原油価格が昨年に比べ30%高騰しており、今回に至ってはそのようなコストアップを吸収できません。このような環境下では、事業を維持するためには当社価格を上げる以外手段がないと確信しました。

　どうかこのような最悪の状況をご理解いただき、値上げを受け入れていただきますようお願いします。

　今後ともご奉仕できることを楽しみにしております。

Point

　決定事項として値上げを伝えるならば、打診ではなく「ご理解に感謝します」というニュアンスで文書を作成します。値上げの理由のほか、十分な検討の結果、苦肉の策として値上げをするということを伝えると理解を得やすいでしょう。

文例 56 移転案内をする

Dear Valued Client:

We are pleased to inform you that Eureka Sports Headquarters will start welcoming you at our original location at 2110 Fort Robinson Street, Portland, Oregon on April 1, 2011. The one-year renovation to our headquarters is now complete. Our Corporate Planning, Sales, Marketing and Investors Relations departments are currently moving into their respective new offices, and they will all be ready to start operations from their new home from 9:00 a.m..

Our IT Department and Data Center remain in their current location, 1090 Harrison Road, Suite 800.

Attached please find the phone and fax directory.

We look forward to serving you.

Sincerely yours,

Useful expressions

As of April 5, ABC Company will be relocated. The new address is:
4月5日をもちましてABCカンパニーは移転します。新住所は以下です。

Our new phone and fax numbers are:
新しい電話番号とファックス番号は以下の通りです。

Please allow us to inform you that our URL has changed.
URLアドレスの変更をお知らせいたします。

訳　例

お客様各位

　ユーリカ・スポーツ本部は2011年4月1日をもちまして、元の2110 Fort Robinson Street, Portland, Oregon にてお客様をお迎えすることとなりました。1年間の修繕が完了し、企画部、営業、マーケティング、IRの各部は新しいオフィスに移動中でありますが、同日午前9時より新しい拠点での業務をスタートさせていただきます。

　IT部、そしてデータセンターについては引き続き現在の1090 Harrison Road Suite800にございます。

　新しい電話とファックス番号リストを添付しますのでご参照ください。

　引き続きお取引させていただけることを心待ちにしております。

Point

　まず、移転の事実、移転の日時、移転先住所を伝えます。移転のため、業務や電話番号などの停止時間が生じる場合は、その旨も記載します。最後に、今後の変わらぬ取引を望む文言をつけ加えるとよいでしょう。

文例 57 支社・営業所・部署の開設案内をする

Subject: Therapeutic Area-specific Teams

REX Pharmaceutical is pleased to announce the introduction of Therapeutic Area-specific Teams (TATs).

REX TATs help healthcare practitioners by providing ailment-specific solutions, going beyond simply explaining our products. REX has re-grouped its 1,000 sales reps into three specialized divisions: the CVS Division, the CNS Division and the Gynecology Division. These divisions are headed by clinically experienced doctors of pharmacology well-connected to globally renowned medical institutions and authorities the world over. REX TATs are continuously trained to timely assist doctors through in-depth knowledge in epidemiology, the latest clinical trends and facts, and therapeutic implications of marketed drugs. Through specialization and improved partnerships with doctors, REX believes it can contribute to enhancing the health of our society.

For further information regarding our TATs, please contact Dr. Dennis Lee, Director of Therapeutic Area-specific Operations.

We look forward to serving you.

Useful expressions

It is our pleasure to inform you that our new branch has just opened in Taiwan.
我々の新しい支店が台湾にオープンしましたことをお知らせいたします。

訳　例

件名：疾患領域別営業チームのご紹介

　REX Pharmaceuticalは疾患領域別営業チーム（TATs）を喜んでご案内申し上げます。

　REX TATsは、単なる製品の説明を越えた、疾患ごとのソリューション提供により医療従事者をお手伝い致します。REXは1000人の営業担当をCVS部門、CNS部門、婦人科部門の3つに再編成致しました。3つの部門はそれぞれ、臨床経験豊かでかつ世界中の優良医療機関や権威とのつながりの強い薬学博士が部門長を務めております。REX TATsは継続的な研修により、疫学、最新の臨床トレンドや実績、市販されている薬品の治療法上の意味合いについての深い知識をもち、医師の方々のお手伝いをさせていただいております。専門特化と医師とのパートナーシップにより、REXは社会の健康を向上することに貢献できると信じております。

　TATsに関するさらなるお問い合わせは、疾患領域別オペレーション・ディレクターDr. Dennis Leeまでお願い致します。

　皆様のお役に立てることを心待ちにしております。

Point

　新たに支社や営業所などを開設するのは、自社にとって喜ばしい出来事であり、対外的に業績好調をアピールすることにもなりますから、今後の業務へのメリットや抱負を伝え、ますますの取引を願ってあいさつとします。

文例 58 イベントの案内をする

The Tokyo Embedded Technology Conference invites you all to the Tokyo International Convention Center from May 15-18 for its annual event.

Embedded software continues to play a critical integrating role at the hub of all manufactured products - automobiles, digital consumer electronics and factory automation, just to name a few. Because of ever accelerating product cycles and the increasing complexity of software architecture, manufacturers need to build competence in the area of embedded software development. This year's main theme is the building of strategic functional units specialized in embedded technology. There will be a series of panel discussions, workshops and trade shows presented by over 100 co-sponsors from Japan and the world over.

The panel discussions and workshops will encompass the following topics:
Configuration management tools and reorganization
Telematics and automobile software trends
Strategic outsourcing in software development

The conference will be held in English. For more information, please contact 03-4657-2219.

Useful expressions

The Web Exhibition will be held from August 5-10 at the ABC Center.
ABCセンターで8月5日から10日までウェブ展が開催されます。

訳　例

　東京組み込みテクノロジー会議より、5月15～18日に東京国際コンベンションセンターにて開催致します年次イベントにご招待致します。

　組み込みソフトウェアは、製品の重要な統合機能の中枢を担っております。いくつか名前をあげれば、自動車、デジタル・コンスーマーエレクトロニクス、ファクトリー・オートメーションなどがございます。プロダクトサイクルは短くなり、ソフトウェアのアーキテクチャはどんどん複雑化致しておりますが、そのため製造業は組み込みソフトウェア開発技術に関してコンピテンスを築かなければなりません。今年の会議のおもなテーマは、組み込み技術に特化した戦略的・機能的組織の構築についてです。数々のパネルディスカッション、ワークショップそして製品展示会が日本それから海外の100社以上の協賛会社によって提供されます。

　パネルディスカッションやワークショップのトピックとしては以下のようなものがございます。
　構成管理ツールと組織再編成
　テレマティックスと自動車ソフトウェアの動向
　ソフトウェア開発における戦略的アウトソーシング

　コンファレンスはすべて英語で行われます。さらに詳しい情報については03-4657-2219まで御連絡ください。

Point
　主催イベントの案内状は、案内を受け取った相手に参加してもらうことを目的として出すわけですから、いつ、どこで、どのような趣旨で開催するのか、参加することでどんな利点があるかといったことを詳しく書き、アピールします。

文例 59 見本市の案内をする

Dear Customer:

We are glad to inform you that the Tokyo Electronics Show will be held at Tokyo Site from January 25th through January 28th. At our display, we will announce our new generation devices, the Type-A series.

Our Type-A series has realized more compact sizing, lighter weight and excellent performance compared to any other existing product on the market. We are totally confident that these new products will expand your product capability.

We would like to extend an invitation to you to our display.

We hope you will visit our booth, Zone-A No. 1, to see for yourself our new series' performance. Our expert will be ready to provide more details to you.

We look forward to seeing you at the exhibition.

Sincerely,

Useful expressions

Our new products will be displayed at Booth 1234. We look forward to seeing you there.
当社新製品がブース1234に展示されます。そこでお会いできるのを楽しみにしております。

訳　例

お客様各位

　1月25日から28日まで、東京サイトにおいて東京エレクトロニクスショーが開催されますことをお知らせします。この見本市で当社は次世代デバイス"Type‐Aシリーズ"をご紹介します。

　Type‐Aは市場に出ているどの製品よりもコンパクトで軽量かつ優れた性能を実現しました。当社はこの新製品が貴社製品の可能性を大きく拡大するものと自負しております。

　この見本市にご招待致します。

　ぜひとも当社の展示場であるゾーンA1番ブースにお立ち寄りいただき、その性能をご確認ください。いつでも当社の専門家がより具体的に新製品をご説明致します。

　ご来場を心待ちにしております。

Point
　見本市には通常、たくさんの企業が参加しますから、日時や場所、内容だけでなく、自社がどのブースで、どんな内容で出展するかといったことも詳しく記載しておきます。

文例 60 宿泊先手配を依頼する

Dear Mr. Martin:

With regard to our visit to your company, we have a request as follows:

Would you please make a hotel reservation for us for two nights? We would like to check into our hotel on the evening of May 20th and check out on the morning of May 22nd.

Visiting you will be:

    John Williams : Passport No. XP05ABC01
    Jim Gordon : Passport No. XT04DEF03

Thank you very much for your help in advance.

Regards,

Useful expressions

I would appreciate it if you could reserve a hotel for one night.
ホテルに1泊予約をしていただけるとありがたいのですが。

It would be great if you could confirm our hotel reservation.
ホテルの予約確認をしていただければ幸いです。

If you could send us directions from the airport to our hotel, it would be very helpful.
空港からホテルまでの行き方を教えていただけるととても助かります。

訳　例

マーティン様

　我々の貴社訪問に関連してお願いがございます。

　2泊のホテル予約をお願いします。我々は20日の晩にチェックインし22日の朝にチェックアウトする予定です。

　宿泊予定は次の2名です。
　　ジョン　ウイリアムズ：パスポート番号 XP05ABC01
　　ジム　ゴードン：パスポート番号 XT04DEF03

　宜しくお願い致します。

Point

宿泊先やイベント会場、交通などの手配を先方に依頼する場合は、日時や場所、支払い方法などの希望を詳しく伝えます。丁寧に協力を求め、感謝の言葉を沿えましょう。

Column　礼を欠いたりする可能性がある表現③　Please ～

　相手への依頼の手紙には、「……してください」という意味で Please を多用したいところですが、使い方によっては相手に対して命令をしている口調にとられかねません。
　Please reply to me immediately.
　（すぐに返事をください。→すぐに返事をしなさい）
　相手に何度も言っているのに返事がこないときなどには、使用してよいと思われますが、初めての手紙であったり、こちらから依頼をしたりするのであれば、失礼にあたるでしょう。このような場合には、
　I look forward to hearing from you soon.
　（すぐにお返事をいただけるのをお待ちしております）
　I'd appreciate it if you could reply to me by March 10.
　（3月10日までにお返事がいただければ、大変ありがたいです）
とすると丁寧な印象を与えることができるでしょう。

文例 61 宿泊先手配の済んだことを知らせる

Dear Mr. Williams:

I've booked a hotel for you for two nights. You can take the hotel limousine from the airport.

Hotel ABC Airport
TEL : 514-822-2525　FAX : 514-822-2501
Reservation No. : 998241551
For two persons; check-in : May 20th
　　　　　　　　check-out : May 22nd (two nights)
Smoking rooms

If you need further assistance, please do not hesitate to ask us.

Regards,

Useful expressions

I have made a reservation for you for two nights at Shinjuku Hotel.
新宿ホテルに２泊予約をお取りしました。

We will send you a map showing how to get to your hotel from the airport.
空港からホテルまでの地図をお送りします。

If you have any questions, please let us know.
何かお聞きになりたいことがございましたらお知らせください。

訳　例

ウイリアムズ様

ホテルの予約を完了しました。
空港よりホテルリムジンが利用できます。

　　ホテル ABC AIRPORT
　　電話：514 – 822 – 2525　　FAX：514 – 822 – 2501
　　予約番号：998241551
　　2 名様、チェックイン：5 月 20 日
　　　　　　　　チェックアウト：5 月 22 日（2 泊）
　喫煙可

その他にご要望がありましたら遠慮なくご連絡ください。

Point

依頼された手配が完了したら、早急に手配した内容を詳しく伝えて確認を求めます。ほかに手配の用がないかをたずねたり、当日を楽しみにしている旨を伝えて結びます。

Column　礼を欠いたりする可能性がある表現④　I want to ～

日本人が「〜したい」という言葉を英語にしようとするとまず、
"I want to 〜" の表現を思い浮かべる人が多いようですが、ビジネス文書ではほとんど "I would like to 〜" を使います。また、163 ページの please のかわりに I'd like to 〜を使い、依頼することもできます。

(悪い例)
　I want to see a brochure of your products.
　Please show me a brochure of your products.

(良い例)
　I would like to see a brochure of your products.
　（御社商品のカタログを拝見させていただきたいです）

文例 62 転勤・異動・退職の挨拶状を書く

Dear Mr. Richardson:

I would like to inform you of my transfer from the head office to our Sendai branch as sales manager of our Tohoku division effective April 1, 2011. I would like to thank you for your assistance and cooperation during these past years.

Mr. Taro Sakamoto will be my successor. He has been sales manager at our Malaysia branch for the past seven years. I'm sure he'll be in touch with you soon.

Thank you very much for your support and friendship, and I wish you and your company the best.

Sincerely yours,

Useful expressions

This is to inform you that I will be transferred to Osaka.
大阪へ転勤することをお知らせいたします。

I am pleased to inform you that I have been appointed Branch Manager of the Niigata Branch.
新潟支店の支店長に就任しましたことをお知らせいたします。

It is my pleasure to introduce to you my successor as Planning Manager.
私の後任の企画課長を紹介いたします。

訳　例

リチャードソン様

　私事ですが、2011年4月1日をもって、本社より東北部門の営業部長として仙台支社に転勤致しますことを御報告させていただきます。貴殿には、これまでの数年間ご支援、ご協力をいただき、深く感謝申し上げます。

　坂本太郎が私の後任となります。彼はこれまでの7年間マレーシア支店にて営業部長をしておりました。彼の方からまもなく貴殿へご連絡を差し上げると存じます。

　今までのご支援、ご愛顧を本当にありがとうございました。貴殿と貴社に幸運を祈っております。

Point
まずはいつ、どこへ転勤・異動または退職するのかを伝え、今までの関係に感謝の意を示します。後任の紹介や、今後の変わらぬ取引を願う文言をつけ加えるのもよいでしょう。

Column　礼を欠いたりする可能性がある表現⑤　I need ～

この表現も使い方によっては命令口調になることがあるので注意が必要です。
I need your report by April 15.
（4月15日までにレポートが必要です。→4月15日までにレポートを出せ）
何度も催促しているのに、まだレポートが出されていない場合には使ってもよいでしょうが、それ以外は以下のような表現を使いましょう。
The report is due April 15.
I am looking forward to your report before April 15.

文例 63 着任の挨拶をする

Dear Ms. Khoury:

Please allow me to introduce myself.

I am Ryo Yamada and have been appointed as a new sales representative for your company Best Foods, effective October 1, 2011. I am replacing Mamoru Suzuki, who was transferred to our Los Angeles Branch.

I have been in charge of our export division in Europe for over 10 years. If there is any way I can be of assistance, please feel free to contact me anytime at (11)2222-3333 or at abc@ocn.ne.jp.

I look forward to having a friendly business relationship with your company.

Yours sincerely,

Useful expressions

I am pleased to announce that I have joined ABC Corporation.
ABCコーポレーションに入社しましたことをお知らせいたします。

As the Sale Manager, I will be responsible for the business in your area.
販売課長として御地の販売を担当いたします。

I look forward to working with you.
ご一緒にお仕事ができることを楽しみにしております。

訳　例

クーリー様

　自己紹介をさせていただきます。

　私は2011年10月1日付で御社ベストフーズ様の営業担当になりました山田良と申します。ロサンゼルス支店に異動となりました鈴木守の後任を務めさせていただきます。

　私は10年以上にわたり、ヨーロッパ部門輸出部に勤務して参りました。何か私でお役に立てることがございましたら、ご遠慮なくいつでも（11）2222-3333までお電話いただくか、abc@ocn.ne.jp.までメールをいただければ幸いに存じます。

　今後も御社のご愛顧をいただけますようお願い致します。

Point

　欧米の会社相手に新任のあいさつをする際に、日本式の謙遜は無用です。むしろ、自信をもって仕事に取り組む姿勢を示すほうが好印象を与えます。着任時期、担当業務など必要事項とともに、今後一緒に仕事ができることへの喜びを伝えましょう。

文例 64 昇進のお祝いを述べる

Dear Mr. Trevor:

We are very delighted to hear about your recent promotion to Chief of the Publishing Division.

We firmly believe that you are the right person for this position in view of your experience and enthusiasm.

Please accept our best wishes for your continuing success.

Yours sincerely,

訳　例

トレバー様

　この度は、出版部門チーフにご昇進されましたことを伺い、心よりお慶び申し上げます。

　貴殿のご経験と熱意を持ってすれば、こちらの役職にまさに適任であると確信致しております。

　益々のご活躍を心よりお祈り致しております。

Point

ともに喜んでいることを伝えられるような祝福の言葉を選びます。それまでの関係によっては努力や苦労をねぎらい、今後のますますの発展を祈るのもよいでしょう。

文例 65 成功・受賞・合格のお祝いを述べる

Dear Deborah,

I'd like to congratulate you on your successful completion of Project B. I was also so excited to know about your graduation from ABC School of Management. I'm really happy for you.

I imagine it must have been really hard to do a balancing act between work and study, but I'm sure this experience will lead you to a brilliant future.

Wishing you continued success,

訳例

デボラ様

　今回のプロジェクトBの無事完了されたこと、心よりお祝い申し上げます。また、あなたがABC経営管理大学院を卒業されたことを知り、大変感激しております。本当によかったと思います。

　仕事と学業を両立されることはさぞ大変だったと思います。しかし、この経験は、より輝かしい未来へとあなたを導いてくれると確信しております。

　今後も引き続きご活躍されますことをお祈り申し上げます。

Point
　同じ喜びを共有することは、互いの信頼関係を厚くするきっかけともなりますので、誠意をもって讃える言葉を贈りましょう。

文例 66 サポートへのお礼を述べる

Dear Tom:

I really appreciated your help with Project A. Thanks to your generous support, we've successfully completed the project on time. Your proposals and ideas were very innovative and appropriate. We decided to adopt them for the project.

Please let me know if there is anything I can do for you. I would be happy to help you as much as I can.

I'm going to our Seattle branch this summer for some business meetings. I really hope to see you there and would like to get together for lunch.

Again, thank you very much for your invaluable assistance.

Yours sincerely,

Useful expressions

I just wanted to express my appreciation for your support.
助けていただいて感謝の気持ちをお伝えしたかったのです。

We couldn't have finished our project without your help.
あなたの助けなしでは、このプロジェクトを終わらせることはできませんでした。

Thank you very much again for your help.
助けていただき重ねてお礼を申し上げます。

訳　例

トム様

　今回のプロジェクトAに関して、今回のあなたのご支援に大変感謝致しております。あなたの惜しみないご協力により、期日通りにプロジェクトを無事完了させることができました。あなたのご提案やアイディアはとても斬新で適切なものでした。

　何か私にできる事がございましたら、ぜひお知らせください。喜んでできる限りお手伝いをさせていただく所存です。

　この夏には会議のためにシアトル支店へ行きます。その際お会いして、またランチをご一緒できればと思っております。

　今回の貴重なご支援、本当にありがとうございました。

Point
　先方のサポートに対して、ただお礼の言葉を並べるだけでなく、どんな行為がどのようにありがたかったのかを具体的に述べるほうが、深い感謝を伝えられます。

文例 67 取引先を紹介してくれたお礼を述べる

Dear Mr. Brown:

We would like to thank you for introducing us to XYZ Corporation.

We have already contacted Mr. Smith, Asian Sales Manager of XYZ Corporation and made an appointment to meet with him when I visit New York on my business trip next month.

I would like to hold fruitful discussions with Mr. Smith and see if a future business relationship would be mutually profitable.

Again, thank you very much for your kindness and cooperation.

Sincerely yours,

Useful expressions

I appreciate your introducing Mr. Peterson to me.
ピーターソンさんをご紹介していただき感謝しています。

I am grateful for your having recommended our products to ABC.
ABC社に当社の製品を推薦していただきありがとうございます。

I just wanted to thank you for your referral.
ご紹介していただきお礼を申し上げたかったのです。

訳　例

ブラウン様

　今回はXYZコーポレーションにわが社をご紹介いただきまして、お礼申し上げます。

　すでにXYZコーポレーションアジア営業部長のスミス氏にご連絡をとらせていただきまして、来月私のニューヨーク出張の際にお目にかかれるようお約束を致しました。

　スミス氏とは有意義な話し合いができれば、と思っております。また、両者にとって将来的に有益な関係が持てるかどうかを確認したいと存じます。

　あなた様のご親切とご協力、本当にありがとうございました。

Point

　取引先などに自社を紹介してくれた仲介者に対しては、その後の結果にかかわらず早めにお礼を伝えます。結果がわかっている場合はその旨を、後日結果がわかる場合は改めて連絡する旨を記載しておくとよいでしょう。

文例 68 海外でお世話になったお礼を述べる

Dear Jack:

Thank you very much for your valuable time during my stay in Vancouver. I also would like to express my deepest thanks to your staff at ABC Company.

I am very delighted that I could get your positive response to our proposal about Project X. Immediately on my return to Japan, I forwarded your message to our president, Mr. Yamane.

We are now planning to welcome you and your staff at our office. Please be sure to let me know if there is any chance to come to Japan. When you come, I would like to reciprocate the kindness you extended to me.

Enclosed are the pictures I took at the D Seafood Restaurant you took us to. I fully enjoyed the wonderful dinner and pleasant conversation that evening.

I look forward to seeing you again soon.

Sincerely yours,

Useful expressions

I am grateful for your having showed me around Los Angeles. I really had a good time.
ロサンゼルスを案内していただき感謝しています。とても楽しかったです。

訳　例

ジャック様

　今回のバンクーバーでの滞在中には私のために貴重なお時間を割いていただきまして、本当にありがとうございました。またABCカンパニーの御社のスタッフの方々にも深くお礼を申し上げたいと思います。

　プロジェクトXに関する当社のご提案に前向きなお返事をいただきまして誠に光栄に存じます。あなたの伝言は、日本帰国後すぐにわが社社長の山根に伝えました。

　わが社では、ぜひあなたと御社のスタッフの方々を当社にお招きしたいと考えております。もし日本に来られる機会がございましたら、ぜひお知らせください。日本にお越しの際は、私にしてくださったご恩返しをぜひしたいと思っております。

　同封した写真は、あなたが連れて行ってくださったDシーフードレストランで撮ったものです。あの夜はすばらしいディナーと楽しい会話を堪能することができました。

　また近いうちにお会いできますことを楽しみにしております。

Point

　海外でお世話になった相手には、帰国後できるだけ早く、そのときの思い出話や感謝したい出来事などを交えた礼状を出しましょう。

文例 69 社長宛てにお悔やみ状を送る

XX Co., Ltd.
Ms. Jasmin Jones, president

Dear Ms. Jones:

The sad news of the passing of your company's chairperson, Mr. Laurenz Moore, came as a big shock to us.

Mr. Laurenz was a very remarkable businessperson; his passing must be a great loss not only to you, but also to the business world.

We wish to express our condolences for the loss of such a remarkable person and extend our sympathy and prayers to all your company members.

Sincerely yours,

XXXXX
President, XXX Corporation

Useful expressions

Please allow me(us) to extend my(our) deepest condolences on the passing of your president.
社長様の訃報に接し心からのお悔やみを申し上げます。

I(We) hope you will accept my(our) sincere condolences.
心よりお悔やみ申し上げます。

訳　例

ジャズミン・ジョーンズ XX 株式会社代表取締役様

　会長ローレンス・ムーア様のご逝去を受けまして、謹んでお悔やみ申し上げます。この悲報は、私たち全員にとって大きな衝撃でございました。

　故人は非常に偉大な実業家であられまして、その彼の逝去は、御社、そしてこの業界の大きな損失でございます。

　偉大な方を失われた御社全社員の方々へお悔やみ申し上げ、ともに痛みをわかちあい、心からのお悔やみの気持ちが届くことを願っています。

　　XXXXX 代表取締役社長
　　XXX 会社

Point

　"I am sorry ～"について、「ごめんなさい」という訳が一般的ですが、ビジネスの場においては、ごめんなさいという意味以外で使われることが多くあります。代表的なのが「お悔やみ」です。お悔やみ状で使われる"I am sorry ～"は、「ごめんなさい」という意味ではなく、悲報を聞いて「心苦しく思う」「申し訳なく感じる」という意味で使用されます。また「亡くなる」という表現ではよく、"loss"「亡くす、無くす、失くす」という"death"「死」の婉曲な表現が見られます。英語は何でもストレートな表現をするというわけではなく、"loss"「亡くす、無くす、失くす」という婉曲的表現によって、当事者の悲しみへ配慮し、少しでも悲しい気持ちを和らげようと気遣う意味がある表現ですので、"death"「死」という表現よりは"loss"「亡くす、無くす、失くす」という表現を使用した方がよいでしょう。

文例 70 入院者宛てにお見舞い状を送る

XX Co., Ltd.
Mr. John Smith

Dear Mr. Smith:

We are very sorry to hear that your department manager was admitted to the hospital yesterday.

We imagine that business in your department might not run as smoothly without her because she is such a great manager between your company and ours. We all hope to see her back on her feet soon.

Please advise us, if she is accepting visitors, when it would be a good time for us visit her in the hospital.

Sincerely yours,

XXXXX
Personal Department Manager, XXX, Inc.

Useful expressions

We are very sorry to hear that you are suffering from asthma.
喘息を患っておられるそうで、お見舞い申し上げます。

Thank you very much for the get-well visit today.
本日はお見舞いに来て下さって、どうもありがとうございます。

訳　例

スミス様

　御社の部長が昨日、入院なさったことをお伺いいたしました。

　彼女は御社にとっても当社にとっても素晴らしい部長でございますので、私どもといたしましては、御社の日常業務が彼女無しでは速やかにはかどらないのではないかと懸念いたしております。当社社員全員、彼女がすぐ回復されることを願っております。

　私どもの見舞いはいつが良いか、お教えくださいませ。

XXXXX 人事部長
XXX 社

Point

　公的な見舞い状では、相手方の病名など個人的なことについては触れないようにしましょう。

　「病気が良くなる」という表現は通常"get-well"を使います。「病気が良くなる」についての英語表現はほとんど決まっていて、数もさほど多くはないため合わせて覚えておくようにしましょう。「病気が良くなる」についての英語表現には、他に以下の①～③のような表現があります。①"be back in business"「また具合がよくなる」、②"improve in health"「体がよくなる」、③"Hope you get better soon."「すぐによくなりますように」

Column　礼を欠いたりする可能性がある表現⑥　You'd better ～

この表現は「～したほうがよい」という意味で習った方もいると思いますが、実は「～しなさい、そうしないと・・・」というニュアンスを持った表現です。

（悪い例）
　You'd better go to see Mr. Myers now.
　（さっさとマイヤーズ氏に会いに行きなさい）

（良い例）
　上司から部下への助言、指示などをする場合には、
　I suggest that you go to see Mr. Myers now.
　（すぐにマイヤーズ氏に会いに行ってください）
　You should go to see Mr. Myers now.
　（すぐにマイヤーズ氏に会いに行くべきです。→行ってください）
　とすればよいでしょう。

　また、提案のニュアンスを含む場合には、
　I think you should go to see Mr. Myers now.
　I think it's better to go to see Mr. Myers now.
　（すぐにマイヤーズ氏に会いに行ったほうがよいと思うけれど）
　とI thinkを入れることで、文章がだいぶソフトな感じになります。

　また、
　If I were you, I would go to see Mr. Myers now.
　（私があなたなら、今マイヤーズ氏に会いに行くのだけど）
　と仮定法を使うのもやわらかい印象を与えるでしょう。

Part 5

報告・プレゼンテーション・会議などの社内文書

文例 71 許可を求める

Subject: Approval for the purchase of IWB Copier Z

Dear Mr. Clark:

We would like your approval for the purchase of IWB Copier Zs to replace the copiers on our floor. The total cost for 10 replacements would be 1.5 million yen.

The IWB Copier Z is the newest model and is much superior in performance to the Copier B which we have now. We need the Z line as soon as possible in order to handle our substantially increasing number of documents. The running cost will be 20% cheaper than that of the existing copiers.

I look forward to your approval.

Useful expressions

I would like your permission to purchase a new PC.
新しいパソコンを購入する許可をいただきたいのです。

Attached is a request for your approval for ¥30,000 to attend the conference.
会議への参加費用、3万円の許可を求める書類を同封します。

This is a request for authorization to attend the conference.
会議出席の許可をお願いいたします。

訳　例

件名：IWBコピー機Z購入許可承認

クラーク様

　当フロアーのコピー機をIWBコピー機Zへの買い換え許可をお願いします。コピー機5台の交換によるトータルコストは150万円です。

　IWBコピー機Zは、最新の商品で、現在我々が使用しているBシリーズのものにくらべ性能が大変良くなっています。ランニングコストは既存のものより20％も安くなります。

　ご承認をいただきますよう宜しくお願いします。

Point

　上司や本社に対して業務上の許可を求めるときに作成する文書の例です。許可を得たい事項の必要性や利益性などを強調するとともに、費用や人員がどれくらい必要かを明確にし、相手が判断を下しやすいようにします。

Column　正式な文書はeメールで送付しないほうがよい

　英文eメールの場合、迅速さを優先するため、あいさつ文を抜きにしていきなり用件を書き出したり、文章もできるだけ簡便にするのが一般的です。つまり、郵便で出す文書よりも簡易なツールととらえられているわけです。したがって、正式な契約書やお礼状、お祝い状などをeメールで送ることは、先方に対して大変失礼にあたります。このようなデメリットや問題点をふまえ、場面場面に応じてeメールと正式文書を使い分けることが、ビジネスマナーの一つと言えるでしょう。

文例 72 スケジュール調整・確認をする

Subject: Web Marketing Seminar

Dear Mr. Brown:

Thank you for accepting our invitation to make a speech at our 15th Web Marketing Seminar at ABC Hills. We are really pleased to know that you can come to Japan for the seminar all the way from New York. Our seminars are always well received, and your visit and speech will make the seminar more meaningful for the participants.

The schedule is as follows:

Date: Wednesday, July 6, 2011
Place: ABC Hills, B Hall
Agenda: 09:30 Start of seminar
        09:45 Lecture by Mr. Yamazaki, Sales Manager of XXX Co.
        10:15 Question-and-answer session
        10:30 Lecture by Mr. Brown, vice president of ABC Co.
        11:00 Question-and-answer session
        11:30 Luncheon

Your speech will be scheduled for around 10:30, and you'll have about 30 minutes. The luncheon is due to finish around 13:00.

We are looking forward to your visit.

訳　例

件名：ウェブマーケティングセミナー

ブラウン様

　今回はABCヒルズで行われる第15回ウェブマーケティング・セミナーへのご招待をお受けくださり、またご講演をご快諾いただきありがとうございます。わざわざニューヨークからセミナーのためにお越し頂けること、私ども一同大変喜んでおります。当社のセミナーは毎回大好評を博しております。副社長のご訪問とスピーチは参加者の皆様にとってセミナーをより有意義なものとしていただけることと思います。

　予定は以下の通りです。

日付：2011年7月6日水曜日
場所：ABCヒルズBホール
予定表：09：30　セミナー開始
　　　　09：45　XXX会社営業部長山崎氏による講演
　　　　10：15　質疑応答
　　　　10：30　弊社副社長ブラウン氏による講演
　　　　11：00　質疑応答
　　　　11：30　ランチパーティ

　副社長のご講演は10時半頃から30分ほど予定しています。ランチパーティの終了予定時刻は13時です。

　一同、副社長のご訪問をお待ちしております。

Point

　イベントや出張の全体の流れ、一日ごとのスケジュール、とくに準備が必要な事項などを知らせ、確認してもらいます。必要に応じて、返答をもらうようにします。

文例 73 資料の依頼・質問をする

Subject: Investment trust funds market sizing analysis

I am launching a series of analyses to estimate the potential market size of Korean investment trust funds. I hope you don't mind my picking your brain on the following points for a smooth ramp-up:

1. Statistical sources: What data books, white papers, analyst reports best detail the historical figures?
2. Expert contacts: Which public or private institutions or organizations should we contact concerning the expected regulatory changes in the next five years and their potential impact on consumer behaviors?
3. Modeling: Which consumer segments did you include in your similarity analyses regarding Japan, Germany and the United States for your comparative study published last year?

Could you drop me a line and let me know when we can go over these points via phone?

Many thanks for your reply in advance.

Useful expressions

I am going to have a presentation next Monday. I would appreciate it if you could give some suggestions on the following:
今度の月曜日にプレゼンをしますが、下記について助言をいただければ幸いです。

訳　例

件名：投資信託市場規模分析

　韓国の投資信託の潜在市場規模試算をするための分析をいくつか始めようとしています。立ち上げをスムーズにするため、以下のいくつかのポイントについてお知恵を拝借できれば幸いです。

1. 統計資料元：どういったデータブック、白書、アナリストレポートなどが過去の数字について詳細か。
2. 専門家のコンタクト：今後5年程度の規制変化と消費者行動への影響については、どの公的または私的機関にコンタクトすべきか。
3. 分析モデル：類似分析で、昨年発表した日本・ドイツ・米国の比較研究ではどんな消費者セグメントについて考えたか。

　以上のポイントにつき、いつであれば電話で話すことが可能か簡単なメモを送っていただけませんでしょうか。

　ご連絡をお待ちしております。

Point

　どんな資料が必要か、どんな情報を求めているかをできるだけ具体的に伝えることで、先方が資料を探したり、調査する手間を少なくすることができます。

文例 74 資料送付・回答をする

Re: Arrangements for your business trip

Dear Peter:

I would like to inform you that I reserved your flights as follows:

Depart: 10:00 a.m. XXX Airline Flight 150, Narita to Mexico City on May 5
Return: 9:30 a.m. YYY Airline Flight 531, Mexico City to Narita on May 20

As for your accommodations, here is the information:
The following hotels are available for that period as of today:

ABC Hotel (850 Mexican Pesos)
XYZ Hotel (700 Mexican Pesos)
DEF Hotel (980 Mexican Pesos)

All prices are for a single room.
For further details about these hotels, please check the attached file.

Please confirm your flight reservation, and let me know when you decide on your accommodations.

訳　例

件名：出張の手配

ピーター様

以下のように飛行機の予約をしましたのでお知らせします。

出国：5月5日　午前10時発　XXX航空150便
　　　成田発メキシコシティ行き
帰国：5月20日　午前9時半発　YYY航空531便
　　　メキシコシティ発成田行き

宿泊施設につきましては、以下が情報です。
今日現在以下のホテルはその期間空室があります。

ABCホテル（850ペソ）
XYZホテル（700ペソ）
DEFホテル（980ペソ）

価格はすべてシングルルームの値段です。
ホテルの詳しい情報は添付ファイルをご覧ください。

飛行機の予約の確認をお願いします。そして、どちらのホテルに滞在されるか決まりましたらお知らせください。

Point

先方が必要としている情報を的確にとらえた資料や、回答を送付するよう心がけます。情報の分析結果や意見などをつけ加える場合には、できるだけわかりやすく、簡潔にまとめましょう。

文例 75 資料送付が遅れることを連絡する

Subject: Our latest catalogs

I received a request from Mr. Richardson to send our latest catalogs and information to you by the end of this week.

Although I understand you were going to take them with you to your next meeting with ABC Co., would you please wait for about a week before I send them to you since we are currently preparing our new catalogs, and the printing is not yet finished.

If you need our catalogs printed last year, I'll get them to you immediately. Please let me know.

Thank you.

Useful expressions

I am sorry but I will be out of town until Friday. So I won't be able to send you the data until next Monday.
申し訳ありませんが、金曜日まで出張でおりません。データをお送りするのは来週の月曜日になります。

I am in the middle of a project at this moment. I will need a few days to prepare the information.
現在プロジェクトにかかっています。その資料を用意するのに2、3日必要です。

訳　例

件名：当社最新資料

　リチャードソン氏より今週末までにあなたに当社最新資料と情報をお送りするよう要望を受けました。

　ABC社との次回会議にそちらの資料をお持ちになるつもりだったと思いますが、最新カタログについてはただいま準備中で印刷が終了していないので、送付するのにあと一週間ほどお待ちいただけますでしょうか。

　もし昨年印刷のカタログでよろしければ、すぐにお渡しできますので、おっしゃってください。

　宜しくお願いします。

Point

　資料送付を依頼されたものの、事情により協力できない、または対応が遅れるという場合は、できるだけ早くその旨と理由を伝えます。送付が可能となる条件や送付できる時期などがわかっていればそれも伝えておきます。

文例 76 指示を与える

To: Tom
From: Trevor Gordon
Date: June 3, 2011
Subject: Tasks for the WWW Service Project

After attending the meeting of June 5 at our New York main office, I was asked to do some tasks concerning the WWW Service Project.

Following is a list of tasks that I'd like you to do by the end of this month:

Collect customers' opinions about our service in the past six months and compile a list of them.
Report how you handled each case.

These are important tasks for the WWW Service Project and the first steps toward providing our customers with better service in the near future.

We look forward to your report.

Thank you.

Copies to: Sachiko Yamamoto, Ryota Sasaki

訳　例

受信者：トム
送信者：トレバー・ゴードン
日付：2011年6月3日
件名：WWWサービスプロジェクトの仕事

　ニューヨーク本社における会議に出席し、WWWサービスプロジェクトに関していくつかの仕事を依頼されました。

　下記は、あなたに今月末までにしていただきたいことです。

　最近6か月に頂いた我々のサービスに関するお客様の声の収集、リスト作成
　各ケースに対してどのように対処したかのリポート作成

　これらはWWWサービスプロジェクトにおいては大切な仕事で、またお客様により良いサービスを行うための第一ステップとなります。

　報告を宜しくお願いします。

　回覧先：山本幸子、佐々木良太

Point
　相手が指示内容を理解しやすいように、具体的かつ簡潔な文章を心がけます。日時や場所、数字などがある場合は、指示まちがいのないよう、十分に確認しましょう。

文例 77 意思決定を伝える

Subject: Evaluation of XXX Foreign Language Learning Machine

Dear Mr. Gordon:

Per your request, we have completed evaluation of the XXX Foreign Language Learning Machine.

We have concluded that it is premature to start selling this machine as is, since there are some problems as follows:
Lack of variety: There should be a much larger variety of sentences in the dialogues. Also, more sentences which are used in daily life should be included.
Unclear pronunciation: The speakers' pronunciation sounds unclear in some dialogues, and it's hard to hear. It needs to be rerecorded.

More time is required to adapt the product successfully to the market.

Useful expressions

The board meeting has decided to team up with ABC.
取締役会はABC社と提携することを決定しました。

Our conclusions are as follows:
我々の結論は以下の通りです。

訳　例

件名：XXX外国語習得マシーンの評価

ゴードン様

　リクエストを受け、XXX外国語習得マシーンの評価を完了しました。

　わが社は、以下に記載するいくつかの問題を抱えているため、現段階ではこの機械を発売するには時期尚早であるという結論に達しました。
　多様性の欠如：会話の中にもっと文章があるべき。また、より日常生活で使われるような文章をもっと盛り込むべき。
　発音不明瞭：話し手の発音が不明瞭になっている会話があり、聞きづらい。再レコーディング要す。

　市場でこの商品が成功をおさめるにはまだ時間をかけて改良しなければならないようです。

Point

ビジネスで使用する文書では、できるだけ早く必要事項を伝えることが求められます。とくに欧米向けの文書では、決定事項をまず最初に伝えるのが普通です。決定の理由や経過を報告する文章はその後につけ加えます。

文例 78 提案する

Subject: Suggestions for obtaining evaluation of our mail magazine

Dear Mr. Smith:

Although we issue our mail magazine once a week, we haven't got enough response from our readers. As you well know, mail magazines can play an important role in attracting customers to our products and can also be a tool for interactive communication.

As one solution of this problem, we need to revamp our mail magazine. Before taking this action, I'd like to suggest that we ask XXX Co. for a professional evaluation of our mail magazine. They would evaluate the magazine from a neutral standpoint and provide us with their report including customers' opinions of our magazine one month later. I'm sure the report can be of great use in the reissue of our mail magazine in the near future.

Please let me know what you think of my suggestion.

Useful expressions

I would like to suggest that we should focus on clients' needs.
我々は、顧客の要求に焦点をあわせるべきだと思います。

We should prepare to revise our telephone service.
電話サービスを見直すべきだと思います。

訳　例

件名：当社メールマガジン評価を依頼する提案

スミス様

　当社では毎月メールマガジンを発行していますが、読者より満足な反応が得られていません。ご存知のように、メールマガジンは、商品にお客様の目を向ける重要な役目を果たすことを期待できるものであり、また、双方向のコミュニケーションの道具ともなりえます。

　この問題を解決するために、我々はメールマガジンの刷新を図る必要があります。この行動を起こす前に、私は、XXXカンパニーにメールマガジンの専門的な評価を依頼することを提案させていただきます。XXXカンパニーでは、客観的な視点で評価を行い、1か月後にお客様のご意見を合わせたリポートを出します。このリポートが、近いうちに行なう当社メールマガジン再発行の際に非常に役立つことと思っています。

　私の提案についてどう思われるかお知らせください。

Point

　新しいことを提案してそれを認めてもらうためにはまず、なぜ現状維持ではだめなのかということを理解してもらう必要があります。現在の問題点を分析し、改善のために新しい取り組みが必要であることを伝えて理解を求めます。

文例 79 相手を説得する

Re: Internal training system

Dear David:

I've read your reply that you can't approve my suggestion for implementation of the internal training system at the Customer Center.

I understand your office is understaffed and can't spare enough time for the training, but please understand the reality that we've received a lot of complaints about our service recently and that the re-training of your staff is needed urgently. Even if we develop the best products in performance, we can't fully satisfy our customers without wonderful service at the Customer Center.

Please take more time to reconsider my suggestion.

Thank you.

Useful expressions

I would be happy to provide more information to help you understand.
ご理解いただくためにさらに詳しい情報を喜んで提供いたします。

I hope you will understand our circumstances.
我々の状況を理解していただければ幸いです。

訳　例

返信：社内トレーニングシステム

デビッド殿

　カスタマーセンターでの従業員教育の実施についての私の提案を承認することができない旨のお返事を読みました。

　あなたの部署では人手が足りなく、トレーニングに十分な時間をかける事ができないということは理解できます。しかし、サービスに関する苦情が最近多く我が社に寄せられているという現実を、そして、貴部署のスタッフの再教育が至急必要であるということを理解してください。たとえ性能がすばらしい商品を開発したとしても、カスタマーセンターでのすばらしいサービスなしにはお客様を心から満足させることはできないのです。

　私の提案についてもう少し時間をかけて再考していただけるよう宜しくお願いします。

Point

　ビジネスにおいて相手を納得させるためには、感情論や安易な推測ではなく、具体的な分析と説明、数字や図表など裏づけとなるデータが必要です。それらを提示してはじめて説得が功を奏します。

文例 80　新製品について説明する

Subject: Launch of "Shine Rouge" lipsticks

We are launching our new line of "Shine Rouge" lipsticks at the end of next month.

The Shine Rouge line offers gorgeous glittering colors and the highest level ever of moisturization. Since we are hoping the sales of this new product will greatly expand our brand name in the Japanese market, an aggressive sales promotion will be required.

For more information about the Shine Rouge line, please check the attached file, or contact Yamada at the Marketing Division.

Thank you.

Useful expressions

In response to our customers' feedback, we have improved our product.
お客さまの意見を反映し、製品を改良しました。

This new model designed with cutting-edge technology will satisfy customers' needs.
最新技術によりデザインされた新製品は、お客さまの要求を満たすでしょう。

We are adding a new product to our ABC series.
ABCシリーズに新しい製品をひとつ加えます。

訳　例

件名：口紅「シャインルージュ」の発売

　我が社は　来月末新しい口紅「シャインンルージュ」のシリーズを販売致します。

　「シャインルージュ」はゴージャスな色をそろえており、また今までにない高い保湿効果のある口紅です。この新製品の発売が当社のブランド名を大きく広めてくれるものと期待しており、積極的な営業活動が必要とされています。

　「シャインルージュ」に関する詳しい情報は、添付のファイルをご覧下さるか、マーケティング部の山田までご連絡ください。

Point

　社内向けの新製品発表の文書では、社員が取引先にきちんと売り込みができるよう、その特徴や従来品からの改善点など詳しい情報をわかりやすく書く必要があります。別に資料や説明会などを用意している場合は、その旨も記載します。

Column　注意したい差別表現①　敬称

　外国人とのやりとりでは、文化、宗教、習慣、考え方などが大きく異なることもあり、表現には細心の注意を払わなければなりません。日本では失礼に感じずに使っていることでも、外国の人たちにとっては気分を害することもあるのです。とくに手紙、メール、ファックスなどは、相手の顔が見えないだけに誤解を生む可能性が高いといえます。

　最近では Miss や Mrs. の敬称を使わずにすべて Ms. で表すことが多くなってきました。相手から特に指摘されなければ、Ms. を使うほうが無難といえます。また、自分が Ms. を使いたいのに、Miss や Mrs. と呼びかけてきたら、署名の際に (Ms.) Yamazaki と書き添えます。なお、博士号を持った人には、男女問わずに Dr. を使います。宛先の相手が男女どちらかわからない場合には、敬称はつけずに Dear のあとにフルネームを続けます。

文例 81 現状・経過報告をする

Subject: Monthly Progress Report for July

Mr. Gordon:

Here is the monthly report on the AAA Project for July.

Work Completed
We have collected fifty samples from other companies as of today. We also have completed evaluations of the following models:
Model 123
Model 431
Model 513
A report of these evaluations was submitted to Mr. Richardson on July 18.

Current Status
We are now evaluating Models 125, 433, 520 and will finish by the end of this week.

Future Work
We will report on these ongoing evaluations next week and keep collecting another fifty samples.

If you have any questions on this report, please let me know.

Thank you.

訳　例

件名：7月分月間報告

ゴードン様

　AAAプロジェクトに関する月間報告は以下の通りです。

完了作業
　本日まで他社より50のサンプルを集めました。また、以下のモデルに関する評価を終えた。
　　モデル123
　　モデル431
　　モデル513
　これら評価に関する報告は7月18日にリチャードソン氏にすでに提出済み。

現状
　現在モデル125、433、520の評価に取り組み中。今週末には完了する予定。

今後の作業
　来週中には現在進行中の評価に関する報告をする予定。引き続きもう50個のサンプルを集める予定。

　この報告に関して何か質問がありましたら、お知らせください。

　　宜しくお願いします。

Point
　相手が現状や経過を理解して次の判断がしやすくなるよう、具体的な数字などを提示して報告します。今後の予定や新しい提案などがある場合は、それも記載します。

文例 82 売上報告をする

Subject: A summary of the March Sales Report

Dear Mr. Baker:

We are very pleased to inform you of our great sales performance for this quarter. All markets are performing well since we had a back-to-school and the "starting out on a new life" season in this period.

The summary is as follows:

Sales Summary
(in millions of yen)
Fiscal period ending   % Increase

	May 2, 2011	May 3, 2010	Stores in Kanto	ABC	XYZ
March	¥363.5	¥302.8	25.6%	15.8%	12.5%
February/March	¥250.3	¥238.5	23.5%	12.5%	10.7%
Year-to-date	¥650.8	¥623.3	24.3%	13.7%	9.5%

If you have any questions on this summary, please contact me anytime.

Thank you.

訳　例

件名：3月度売上報告概要

ベーカー様

　今月度、すばらしい営業成績を上げることができたことを喜んでお知らせ致します。今期は、新学期、新生活スタートの時期のため、すべての市場で好調の結果となりました。

　概要は以下の通りです。
　売上概要
　（百万円）

	会計期締め		伸び率%		
	2011年 5月2日	2010年 5月3日	関東地域店舗	ABC	XYZ
3月	¥363.5	¥302.8	25.6%	15.8%	12.5%
2月／3月	¥250.3	¥238.5	23.5%	12.5%	10.7%
本年度今日現在まで	¥650.8	¥623.3	24.3%	13.7%	9.5%

　何かご質問がありましたら、ご連絡ください。

Point

　正確な数字を見やすく記載します。業績の好不調に関する見解や、改善策などがある場合はできるだけ具体的なデータを示して追記します。フォームを作成している会社も多いので、あればそれを使用しましょう。

文例 83 プロジェクトの遅れを報告する

Re: Progress status of the ABC Project

Dear Mr. Gordon:

Thank you for your email concerning the progress status of the project.

Here is our report:

Questionnaire of our customers: Carried out
Evaluation of our mail magazine: Done
Planning for a new campaign: Done
Getting an article from Ms. Yamasaki, a writer: Not yet

As you can see, we are very close to completion.
The article by the famous writer Ms. Yamasaki will be a chief feature in our newly revamped mail magazine. Since we think that making a more fantastic mail magazine than ever is one of the main aims of the project, we would like to take more time.

Please understand our situation, and we would like to ask you for an extension of the deadline for the ABC Project from April 30 to May 15.

I will be looking forward to your reply.

訳　例

返信：ABCプロジェクトの進行状況

ゴードン様

　プロジェクトの進行状況に関するお問い合わせのメールをいただきありがとうございました。

　以下の通りご報告致します。

　　顧客へのアンケート実施：済み
　　当社メールマガジンの評価：済み
　　新たなキャンペーンの計画：済み
　　作家山崎様からの記事入手：未済

　おわかりのように、プロジェクト完了までもう少しです。
　著明な作家、山崎様の記事は今回刷新されるメールマガジンの一番の目玉です。また、今までにない魅力的なメールマガジンに作り直すことはこのプロジェクトの主要目的のひとつと思っているため、もう少し時間をかけたいのです。

　どうかこの状況をご理解いただき、このプロジェクトの締め切りを4月30日から5月15日に延期していただけるよう、宜しくお願いします。

　ご回答を宜しくお願いします。

Point

　報告を受ける人は言いわけやごまかし、謝罪ではなく具体的な事実と理由を必要としています。何が、どれだけ遅れているか、今後どのように対応していくかといったことを明確に報告する文書を心がけます。

文例 84 会社の業績向上を報告する

Subject: Return to profitability

I am delighted to announce that Exceed Asia has achieved a return to profitability for the year ending March 31, 2011. Our overall sales were up 30% over those of last year, and the new micro-unit handset products released last October were the most significant contributing factor to this growth.

Over the past five years, the mobile parts industry has not necessarily been blessed with a positive market environment, having faced new R&D pressures and declining prices. We at Exceed Asia have taken aggressive strategic measures including strict sourcing cost reduction, ROI-based R&D project screening, and co-development and pricing negotiations. This year's success came as a result of your relentless and creative efforts.

Thank you for your contributions to our success, and congratulations!

Useful expressions

I am happy to inform you that XXX group generated profits and revenue growth.
XXXグループが利益と収入で増加していることを喜んでお知らせします。

This shows that we remain positive on our growth prospects.
これは当社が今後成長していくことを示しています。

訳　例

件名：黒字転換

　エクシード・アジアが2011年3月期決算において黒字転換したことを喜んでご報告致します。全体として販売額は前年度比で30%増であり、昨年10月にリリースした新しいハンドセット・マイクロユニット製品がこの成果に大きく貢献しています。

　過去5年間は携帯電話パーツ業界にとって市場環境がよかったとは必ずしもいえません。R&Dへのプレッシャーがある中、価格は下降傾向でした。エクシード・アジアではいくつかの積極的な戦略アクションをとってまいりましたが、購買価格削減、ROIベースでのR&Dプロジェクト選択、顧客との共同開発と価格交渉戦略などを実施してまいりました。今年度の成功はあなた方のたゆまぬ努力そしてクリエイティブな努力によって成し遂げられたのです。

　この成功への皆さんの貢献に感謝いたします。おめでとう！

Point

　業績の向上を社員とともに喜び合い、今後の仕事に積極的に取り組めるように促します。特に苦労した契約や業務などについて具体的に挙げ、感謝の意を伝えるのも効果的です。

文例 85 提携のお知らせをする

Subject: Licensing agreement with United Green Co.

I am delighted to announce that Yamada Trading Company has concluded a licensing contract with United Green Co. in London effective September 1.

Owing to this contract, we can greatly expect to promote the expansion of our products to the English market. We can also import their latest, fashionable apparel from England.

Please understand that this licensing contract is an important part of our growth expansion.

If you have any questions or concerns about this contract, please feel free to contact Mr. Kanno at the European Sales Division.

I hope you will continue to make great contributions to the growth of our company.

Thank you.

Useful expressions

ABC announces that we have entered into a collaboration with XYZ.
ABCはXYZと協力契約をしたことを発表します。

訳　例

件名：ユナイテッド・グリーンカンパニーとのライセンス契約

　このたび9月1日をもちまして、我々山田貿易会社はロンドンのユナイテッド・グリーンカンパニーとライセンス契約を締結しましたことを喜んで発表致します。

　この契約により、我々の商品のイギリス市場への拡大促進が強く期待できるものとなります。また同時にイギリスから最新の洗練された衣類を輸入できるようになります。

　このライセンス契約が我が社の発展にとり大変重要なものであることをどうぞご理解ください。

　この契約に関して何かご質問がありましたら、お気軽にヨーロッパ販売部門管野氏までお問い合わせください。

　みなさんが、当社成長のため、益々の貢献をしてくださることを希望します。

Point
　社員に対し、喜ばしいこととして提携を知らせます。提携することによるメリットや今後の業績向上への期待をアピールすると、社員の士気向上にもつながります。

文例 86 買収・合併のお知らせをする

Subject: Acquisition of FEG Corporation

We are pleased to announce that we, AME Company, completed the acquisition of FEG Corporation in Singapore effective June 1, 2011.

FEG Corporation is one of the leading manufacturers in Asian-style furniture, and their Z Series dining sets are famous even in Japan.

As a result of this acquisition, we will be number three in the furniture manufacturing industry in Japan. We have been really impressed with their skill and products for the past ten years. We are sure that they will be a big help for the future growth of AME Company.

Thank you for your continued contribution.

Useful expressions

We are very happy to announce that ABC has acquired XYZ.
ABCがXYZを買収したことを発表できうれしく思います。

This acquisition will join the sale, marketing and development capabilities of both companies.
この買収によって両社の販売、マーケティング、開発機能が統一されます。

訳　例

件名：FEG コーポレーション買収

　このたび 2011 年 6 月 1 日をもって、我々 AME 会社はシンガポールの FEG コーポレーションを買収しましたことを喜んで発表致します。

　FEG コーポレーションはアジアンテイストの家具を製造している主要な会社の一つであり、彼らの商品、「ダイニングセット Z シリーズ」は日本でも有名です。

　この買収により、我々は日本市場における家具製造業界で第 3 位の大きさになります。我々はこの 10 年間、FEG コーポレーションのすばらしい技術と商品に大変注目しておりました。きっと我々 AME 会社の発展に大きな手助けとなってくれると思います。

　引き続きどうぞ宜しくお願いします。

Point

　買収・合併と聞くと、社員は人員整理などを心配して動揺しがちです。必要以上の不安を与えないよう、買収・合併の利点をアピールするほか、待遇や異動、仕事内容の変化など現時点で公開できることはできるだけ明確にしておきましょう。

文例 87 会議の通知をする

Subject: June 5 Meeting

Dear Richard:

Here is the schedule for the June 5 Meeting.

Date & Place: June 5, 15:00, at Conference Room A
Attendees: Ryo Yamada, Saeko Otaki, Jack Gordon, Richard Simpson,
Kazuki Shirota, Yuji Ito
Agenda: 1. XY Project Outline
2. Rough assignment of responsibilities for the project
3. Project strategies

The XY project is a very important one which will determine the future of our company. Would you please make sure to arrange that all attendees will be able to attend the meeting?

We would like to ask you to check the attached documents before the meeting and bring your ideas for project strategies.

Thank you.

Useful expressions

Our next meeting is scheduled as follows.
今度の会議は下記の通りです。

We will discuss the following at the meeting.
下記の内容について討議する予定です。

訳　例

件名：6月5日の会議

リチャード様

　6月5日の会議のスケジュールは以下の通りです。

　日付＆場所：6月5日会議室Aにて15時より
　出席者リスト：山田良、大滝冴子、ジャック・ゴードン、
　　　　　　　　リチャード・シンプソン、白田一樹、伊藤裕二
　議題：1．XYプロジェクト概要
　　　　2．プロジェクトの大まかな役割分担
　　　　3．プロジェクト戦略

　XYプロジェクトは当社社運をかけたとても重要なものです。出席予定者リストの全員が参加されるようにお願いします。

　会議までに添付の資料に目を通し、プロジェクト戦略についてアイディアをお持ちください。

　宜しくお願いします。

Point

　会議の出席者に対して、必要事項を伝えることが目的ですから、よけいなあいさつなどは省き、日時や場所、内容、準備資料などについて簡潔に記載します。

文例 88 会議の要約をする

Subject: Summary of June 11 meeting

Dear Mr. Smith:

A summary of our meeting on June 11 is as follows:

Our newly developed bubble bath "Great Bubble" was very highly evaluated according to our questionnaire conducted on 100 sample users. We found that improvements in the scent of this product are necessary in order to reflect users' wishes. In the questionnaire, 60% of the users indicated the smell was too strong and that a more delicate scent was desirable. We, the marketing team, will achieve the following within eight months: 1) obtain more accurate market information to formulate sales marketing strategies, 2) after improvement of the scent, test the product on 100 users again and 3) set a price for "Great Bubble".

We will submit an interim report in four months and then a final report around the end of August.

Attached are the minutes of the last meeting. If you have any questions about them, please contact me anytime.

Useful expressions

I would like to summarize the important points of the last meeting.
前回の会議の重要なポイントをまとめます。

訳　例

件名：6月11日の会議要約

スミス様

　先日6月11日に行われた会議の要約は以下の通りです。

　当社新開発の入浴剤「グレートバブル」の100人のサンプルモニターによるアンケートで、大変良い評価を得た。香りの点においては、顧客の要望を反映させるため、改良が必要と判断した。アンケートでは、60%が香りが強すぎると答え、もっとかすかな香りにする必要がある。我々マーケティングチームでは、今後8か月の間に以下のことを実行する。
　(1)より正確な市場情報を手に入れ、販売マーケティング戦略を練る。
　(2)香りの改良を終えた後、再度100名にサンプルテストをする。
　(3)「グレートバブル」の価格設定

　4か月以内に中間報告、そして8月下旬頃には最終報告をするつもりです。

　添付したものは会議の議事録です。何か質問がありましたら、私までご連絡ください。

Point

　イベントの日程やプロジェクトの方向性、禁止事項など会議で話し合われたことの中でもとくに重要な部分だけをピックアップしてまとめ、出席者間の確認資料として使います。

文例 89 議事録を作成する

Subject: Minutes of the last meeting of the Service Improvement Committee

Dear Mr. York:

The minutes from our March 10 meeting are as follows:

Members Present: Yasushi Tamura, Kiichi Fukazawa, Takeshi Shimada, Sachiko Toyota, Richard Frank, Jack Gordon, Ryo Aoki
Members Absent: Emiko Ota

Two new members (Jack Gordon and Ryo Aoki) were appointed to the Service Improvement Committee.
The ABC Campaign Project was approved as submitted.
The proposal for the XXX campaign was not approved and needs to be reviewed urgently.
Evaluation and discussion of customers' opinions received over the month: 75% of their opinions were positive, 10% were complaints about our service and the remaining 5% were suggestions.

The next meeting is scheduled for the afternoon of April 16. A detailed schedule will be sent to every member during the first week of April.

Agenda items for the next meeting are as follows:
Strategies for the ABC Campaign (each member to bring at least one idea for a strategy).
Evaluation and discussion of customers' opinions received over the month.
Proposals for training employees for provision of better service.

訳　例

件名：前回のサービス向上委員会会議の議事録

ヨーク様

　3月10日に行われた会議の議事録は以下の通りです。

　出席メンバー：田村靖、深沢喜一、島田武志、豊田幸子、
　　　　　　　　リチャード・フランク、ジャック・ゴードン、
　　　　　　　　青木良
　欠席メンバー：太田恵美子

　新しく2人（ジャック・ゴードン、青木良）がサービス向上委員会のメンバーに任命された。
　ABCキャンペーン計画は提出通りに承認された。
　XXXキャンペーンの提案については承認されず、至急再考が要求される。
　1か月の間にお客様から寄せられたご意見に対しての評価、話し合い。―ご意見のうち75％は好感触の反応が得られた。10％については我々のサービスに関する苦情、そして残りの5％はご提案だった。

　次回のミーティングは4月16日の午後に予定。詳細については来月第1週にメールにて各メンバーに配布される。

　次回の議題は以下の通りである。
　ABCキャンペーンの戦略（各メンバーが戦略について少なくとも一つのアイディアを持ってくる）
　1か月以内に頂いたお客様のご意見の評価、話し合い
　より良いサービスご提供のための従業員教育実施の提案

Point

　要約と同様、会議の内容を簡潔に記載するものですが、出席者以外の関係者の目にも触れる記録として、より丁寧に書く必要があります。

文例 90 問題の解決を促す

Subject: Complaints about delay in delivery

Dear Mr. Green:

As you know, we have received five complaints about delays in delivery these past two months. Although they were not big delays, I think we should closely investigate the matter to prevent further such problems.

Please investigate and discuss with your staff the following:

The exact reason the delay has occurred in each case
The response to our customers in each case
The proposed measures to prevent these delays

Please submit a report to me after the discussion by August 20.

Thank you.

Useful expressions

We should look into this matter immediately and make sure such problems do not reoccur.
この問題をすぐに調べて、同じ問題が再発しないようにするべきです。

I appreciate your cooperation in clarifying this problem.
この問題を解決するよう協力してくれて感謝します。

訳　例

件名：配達遅延の苦情について

グリーン様

　ご存知の通り、最近2か月の間に5件の配達遅延に関する苦情が寄せられています。それほど大幅な遅れでないにしても、わが社はこのような問題を二度と繰り返さないように、この件を深く調査すべきであると思っています。

　以下の件について調査し、また貴スタッフと話し合いを持ってください。

　遅延がどうして起こったか、それぞれのケースにおいて理由
　それぞれのケースについて、どのように顧客に対応したか
　これらの遅延を起こさないための手段の提案

　話し合いをした後、8月20日までに私まで報告書を提出してください。

　宜しくお願いします。

Point
　問題が生じたらまずは早期解決が必要なことを伝え、そのための対処を指示するなど前向きに対処しましょう。ミスの指摘をして責めるよりも、以降の仕事がスムーズになります。

文例 91 注意する・忠告する

Subject: The invoice issued on Dec 15

Dear Deborah,

An error was found in an invoice you issued for ABC Company on December 15 (#1532). I regret to say that this is the same kind of careless mistake you made last week.

I must remind you that a simple careless mistake may cause damage to our credibility and can cause a risk of losing our customers.

Please be sure to get a double check from your boss before sending invoices to our customers.

Thank you.

Useful expressions

I suggest that you call on XYZ and explain the situation.
XYZ社へ出向き、事情を説明するほうがよいでしょう。

Please deal with this error right away, and let me know the results.
この問題にすぐに対応し、結果を報告してください。

Thank you for your cooperation.
協力していただいてありがとう。

訳　例

件名：12月5日発行の請求書

デボラ様

　あなたが12月5日ABC社に発行した請求書（請求書番号1532）にミスが発見されました。このミスはあなたが先週犯したミスと同様のものです。

　再度言いますが、たった一つのケアレスミスが我が社の信用に傷をつけ、顧客を失う危険もあるのです。

　顧客に請求書を送る前に必ず上司に再確認をしてもらってください。

　宜しくお願いします。

Point

　何らかのミスが生じたとき、相手を非難するのは簡単ですが、それでは相手を萎縮させるだけで、早期の問題解決につながりません。ここは一歩引いて問題点を伝えるほうがよいでしょう。

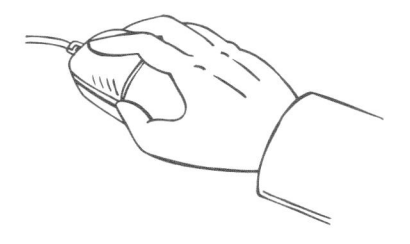

文例 92 反論する・抗議する

Subject: Connecting calls from outside to extension 135

Dear Ms. Kinsley:

I read your mail dated yesterday. I'm sorry that I may have taken a discourteous attitude toward you over the phone, but there was a reason for my having to take such an attitude.

As I asked you many, many times, please don't connect the calls from outside to extension 135 between 10:00 and 11:00. I'm sure you must have known that telephone #135 is in a separate room of our Marketing Division, and we usually have important meetings with guests there between 10 and 11. We don't want to be interrupted by telephone calls during meetings.

Please connect to extension 120 instead of 135 for the Marketing Office during that one hour, and ask staff there to take a message.

Thank you for your cooperation.

Useful expressions

I must remind you that customer satisfaction is very important in our business.
我々の業界では、顧客満足はとても重要だということを思い出してください。

Mr. Brown is very concerned about this problem.
ブラウン氏がこの問題について大変心配しておられます。

訳　例

件名：内線135への外線電話接続について

キンズレー様

　昨日付のメールを拝見しました。電話では、失礼な態度をあなたにとったかもしれません。申し訳ありませんでした。しかし、これらの態度をとるには理由があるのです。

　再三申し上げているように、10時から11時まで外線からの電話は内線135に繋がないでほしいのです。ご存知のはずだったと思いますが、内線135の電話はマーケティング部の別室にあり、通常10時から11時の間は顧客と重要な打ち合わせをしています。そのような会議の中、電話で邪魔をされたくはないのです。

　その1時間においては、マーケティング部への電話は内線135ではなく、内線120に接続し、だれかにメッセージをとるよう依頼してください。

　協力をお願いします。

Point

　反論や抗議を伝えるにしても、感情的になって怒りをぶつけては新たなトラブルの火種にもなりかねません。客観的に見てどこに問題があるのか、問題に対する自分の意見はどのようなものかということを具体的かつ明確に伝えるように心がけます。

文例 93 問題社員に警告する

This memo is to notify you that your access to the data center will be suspended should you continue to ignore the rules for ensuring network security. Despite past warnings issued to you during the last two months, our record indicates that you periodically unlock the password protection for a few databases that contain customer information and execute downloads without prior approval from the system administrator.

Although your role as account manager often requires customer data at odd times of the day and week in order to meet customer needs at their convenience, you must understand the criticality of information security. Any leakage of proprietary information related to our customers could lead to law suits which may entail not only large sums of payment in damages but also serious harm to our reputation. That is the reason why each of our employees is asked to sign a confidentiality agreement and ordered to respect security rules.

Any further violation of the rules will result in suspension of your datacenter access and possibly even probation and dismissal. Should you have any questions regarding this notice or our security guidelines, please contact me immediately. Thank you.

Useful expressions

If you cannot show immediate improvement, we will have to terminate your employment.
もしただちに改善されなければ、あなたの雇用を終了せざるをえません。

訳　例

　ネットワークセキュリティに関する当社規則の無視が今後続けば、データセンターへのアクセス権を停止することをお伝え致します。過去２か月の間何度も警告をお伝え致しましたが、貴殿が顧客情報データベースへのパスワード保護の解除を何度となく行ったり、システムアドミニストレーターからの事前承認がないままダウンロードを行ったりされているとの記録が残っています。

　アカウントマネージャーとしての職務を果たすためには、顧客ニーズを満たすために顧客情報が時に不便な時間や曜日に必要となることがあるのですが、情報セキュリティの重要性については理解していただかなければなりません。顧客関連の私的情報漏えいがあった場合には訴訟につながる恐れがあり、そうなった場合には多額の賠償や、当社の評判を傷つけることにもなります。こういうわけで一人ひとりの従業員に対し、守秘義務契約に署名することやセキュリティ規則を守ることをお願いしているのです。

　今後規則の違反があった場合には、貴殿のデータセンターアクセスが停止され、場合によっては謹慎処分や解雇ということもございます。この通達や当社のセキュリティ規則についての質問などがあればすぐにご連絡ください。宜しくお願い致します。

Point

　注意する事項がいつ、どのような場面で起こったかという具体的な事実経過とともに、改善がない場合の処遇も含めて警告します。通常は、文書での警告の前に口頭で何度か注意しているはずですので、そのことも記載します。

文例 94 入社・転勤・異動のお知らせをする

Subject: New IT Manager

We are happy to announce that Takeshi Oiwa will join us as our new IT manager as of April 15. He will report directly to CIO Tony Bycher.

As IT Manager, Mr. Oiwa will be responsible for ensuring a stable and secure network environment as well as maintaining systems efficiency. He will also be the primary contact for each department when it requires an IT upgrade.

Mr. Oiwa comes to us with extensive professional IT experience, having worked for a variety of companies both within Japan and overseas. He has managed a wide range of systems including mainframes, mid-sized systems as well as personal computing environments. Prior to joining us, Mr. Oiwa was with General Asian Foods Co. where he single-handedly organized and managed the introduction of their new e-ordering system.

Mr. Oiwa's extension will be 2209. Mary Hamilton will be assisting him in settling into his new role.

Please join us in extending a warm welcome to Mr. Oiwa.

Useful expressions

We are delighted to inform you that Ms. Yoshie Ito will be transferred to our Taiwan Branch.
伊藤よしえさんが台湾支店に異動することを喜んでお知らせします。

訳　例

件名：新ITマネージャーについて

　4月15日付けで、大岩健氏が新しくITマネージャーとして入社されることをお知らせ致します。彼はCIOのトニー・バイシャーの直属となります。

　ITマネージャーとして大岩氏は安定かつセキュリティの確かなネットワーク環境を確実に提供し、システム効率を維持を担当されます。各部のITアップグレードに関しても彼が窓口となります。

　大岩氏は日本・海外を含めた多彩なIT業務の経験があり、メインフレーム、中規模システム、そしてパーソナル・コンピューティング環境を含んださまざまなシステムを管理して来られました。当社の前には、ジェネラル・アジアン・フード社において、新しいeオーダー・システムの導入を独力で企画・管理をされました。

　大岩氏の内線は2209番です。マリー・ハミルトンが彼の入社手続きなどの対応を致します。

　大岩氏を歓迎しましょう。

Point

　新たに加わる社員のこれまでの経歴や業績、得意分野などを紹介するとともに、これから担当する業務などについて説明します。職場として強力な戦力が増えることを喜び、歓迎する旨を伝えます。

文例 95 業績をたたえる

Dear Ken and Team:

As a result of your tenacious efforts, we have finally confirmed a go-ahead from NRC Insurance for a six-month project which entails the diagnosis and development of their mid-term growth plan. All of us at Burlingham Consulting know that this fabulous news came only after the hard work you put into winning the competitive bid.

I am writing this memo to acknowledge your tremendous efforts and the significant step forward your team enabled us to make.

Congratulations, Team!

Useful expressions

I just wanted to thank you for your efforts on this project. You really did a good job!
このプロジェクトのあなたの努力に感謝しています。本当によくやってくれました。

Congratulations to you and your wonderful team.
あなたとあなたのすばらしいチームにおめでとうといいます。

There is no doubt that our company will continue to grow under your leadership.
あなたのリーダーシップのもと、当社が成長しつづけるのはまちがいないでしょう。

I am looking forward to working with you again.
あなたとまた一緒に働けることを楽しみにしています。

訳　例

ケン様とチームの皆さんへ

　皆さんの不屈の努力の結果、NRC 生命から遂に 6 か月プロジェクト開始のお返事をいただきました。彼らの中期的な成長につき診断し、計画を立てることになります。バーリンガム・コンサルティングの我々は全員、このすばらしい知らせはあなた方が競争入札にかけた努力のたまものだということをよく知っています。

　このメモはあなた方の多大なる努力と、我々が大きな一歩を踏み出すことになった事実を認めるものです。

　おめでとう、チームの皆さん！

Point

　すばらしい業績をあげた社員を文書によって賞賛する際には、業績に対する感謝の言葉を述べるとともに、さらなる活躍を期待していることを伝えて社員の士気向上につなげましょう。

Column　注意したい差別表現②　その他の差別表現

　差別表現は性別だけではありません。年齢、人種、障害の有無についても最新の配慮がなされるべきです。必要でない限りこのようなことに言及すべきではありません。
　young secretary（若い秘書）→ secretary
　short manager（背の低いマネージャー）→ manager
　black engineer（黒人のエンジニア）→ engineer

文例 96 昇進を発表する

Subject: Promotion of Hiroshi Okazawa

We are pleased to announce the promotion of Hiroshi Okazawa to the position of Business Planning Director effective May 1.

XYZ Corporation has just closed a very fruitful fiscal year, outperforming our competitors in respect to all critical financial indicators. Contributing largely to our success was the introduction and execution of the new B2B salesforce in order to increase market coverage and sales efficiency. We received very positive customer feedback, and our number of accounts grew by 20% over the previous year. The campaign was meticulously planned and strongly led by Hiroshi.

Hiroshi joined XYZ Corporation in 1990 as a Business Planning Officer and was later promoted to Marketing Manager. He has played a pivotal role in strengthening our strategy building and implementation capabilities by capitalizing on his consulting experiences and deep knowledge of quantitative analyses. Hiroshi has shown outstanding work and achieved tremendous professional growth.

Congratulations, and we wish Hiroshi continued success!

Useful expressions

We are delighted to inform you that Wataru Miyashita has been promoted to Sales Manager.
宮下亘さんが販売課長に昇進したことを喜んでお知らせします。

訳　例

件名：岡澤浩の昇進

　5月1日付で、岡澤浩さんが事業企画ディレクターへ昇進されることを喜んでお知らせします。

　XYZコーポレーションは非常に高利益な会計年度を終え、すべての重要な財務指標において競合を上回る業績を残しました。この成功にとても大きく貢献したのが、新しい営業部隊の導入と実行による市場カバーの拡大と営業効率のアップでした。顧客からのレスポンスもよく、アカウントは前年比20％増でした。このキャンペーンを綿密に計画し、導引したのが浩さんでした。

　浩さんは1990年に事業企画オフィサーとしてXYZコーポレーションに入社し、後にマネージャーになりました。彼は我々の戦略立案と実行能力の増強の要として、コンサルティング経験や定量分析の知識を駆使して活躍してきました。浩は際立った役割を果たし、プロフェッショナルとして大きく成長しました。

　昇進おめでとうございます。浩さん、引き続きご活躍されることを心よりお祈り致します。

Point

　本人以外の社員に昇進を伝える場合は、まずだれが、いつ、何の役職につくのかといった事実を記載し、次に本人の今までの業績、今後の担当業務など詳細を記載します。最後に、昇進をともに祝福する言葉を添えるとよいでしょう。

文例 97 本人に昇進を伝える

Dear Hiroshi:

We are pleased to inform you that you have been promoted to the position of Business Planning Director as of May 1.

This is in recognition of the outstanding work you have demonstrated and your contribution to XYZ Corporation. We are very proud of your achievements. We are also confident that you will continue to contribute to the growth of our company by meeting the responsibilities and expectations of your new position.

Again, congratulations!

Useful expressions

It is our great pleasure to inform you that you have been appointed Planning Manager.
あなたが企画課長に任命されたことを喜んでお知らせします。

Congratulations on your promotion!
昇進おめでとう。

We are sure that you will continue to work hard in your new position.
新しい職務でも一生懸命働いてくれることを確信しています。

訳　例

浩様

　5月1日付で事業企画ディレクターへの昇進を謹んでご報告致します。

　今回の昇進は貴殿の際立った活躍とXYZコーポレーションへの貢献へお応えするものです。貴殿の偉業を誇らしく思います。貴殿が今後も引き続き新しい職の責務や期待に応えられ、当社の成長に貢献されることを信じております。

　おめでとうございます。

Point

　昇進を伝えるとき、日本では口頭で内示をしたり、辞令を交付するのが一般的ですが、欧米などでは手紙という形式をとることも多いようです。祝いの言葉とともに、今後の活躍への期待を伝えます。

Column　注意したい男女差別表現①

　近年、性差別表現を撤廃する動きが世界的に進行しています。日本でも、看護婦・看護士を看護師に統一するようになったことでもわかると思います。英語では、さらにこの傾向が強まっているといえ、下記のように性別を限定しない単語を使うようになっています。

（例）
　anchorman → anchor（ニュースキャスター）
　businessman → business person, business executive（ビジネスマン）
　bellman, bellboy → bellhop（ベルマン）
　cameraman → photographer（カメラマン）
　chairman → chairperson, chair（議長）

文例 98 勤続功労をたたえる

Dear Chris:

We are pleased to celebrate your 25 years of service with XYZ Corporation. You have made a valuable contribution to the growth of our company. Notably, you have consistently ranked within the top ten among our sales representatives over the past 15 years and have significantly expanded your region's clientele.

In recognition of your dedication, please do accept the enclosed clock.

We hope to share many more successful years with you here at XYZ Corporation.

Useful expressions

Congratulations on your twenty-year anniversary as a member of ABC group.
ABCグループのメンバーとして20周年おめでとうございます。

Please accept the enclosed gift in appreciation of your contribution.
貢献していただいた感謝のしるしに同封のギフトをお受けとりください。

We appreciate your contribution to our company for the past 30 years.
30年間当社に貢献していただき感謝いたします。

訳　例

クリス様

　25年間のXYZコーポレーションへの貴殿の貢献をここに祝福申し上げます。貴殿は当社の成長に多大なる貢献をされました。特に、貴殿は過去15年の間、当社の全販売員の中のトップ10を保ち、貴殿の販売領域のクライアントベースを大きく拡大されました。

　貴殿の貢献の印として、同封の時計をお受け取りください。

　今後も貴殿がXYZコーポレーションで何年も活躍されることを心よりお祈り申し上げます。

Point

長年の功労に対し、祝福とともに感謝の意を伝えます。記念品や賞状の進呈がある場合はその旨を記載し、今後のますますの活躍を祈念する文言を加えるとよいでしょう。

Column　注意したい男女差別表現②

cleaning lady, maid → housekeeper, cleaning person（清掃婦、メイド）
congressman → member of congress（国会議員）
fireman → firefighter（消防士）
foreman → supervisor（監督者）
housewife → homemaker（主婦）
mailman → mail carrier（郵便配達員）
policeman → police officer（警察官）
salesman, saleswomen, saleslady → salesperson（セールスマン、セールスレディ）
spokesman → spokesperson（スポークスマン）
stewardess, steward → flight attendant（スチュワーデス、スチュワード）
waitress → waiter（給仕係）
actress → actor（俳優）

文例 99 退職のお知らせをする

> Subject: Departure of Takashi Murata
>
> It is my greatest regret to announce the departure of Takashi Murata, Senior Manager of Business Planning, on March 31.
>
> Takashi joined XYZ Corporation in April 1995 as Business Planning Officer and was promoted to head the section as Manager in 1998.
>
> Takashi has demonstrated strong leadership in and commitment to redesigning our annual business planning process. He has always been known for his great coaching skills and contributed largely to developing junior talent within his division. We will all miss him.
>
> Please join me in thanking Takashi for his dedication to XYZ Corporation and wishing him the very best of luck in his new career.

Useful expressions

We regret to inform you that Mr. Yoshio Tanaka is leaving us on May 31.
大変残念ですが、田中良夫さんが5月31日に退社されます。

Ms. Kazue Kobayashi is retiring from ABC on March 31 to get married.
小林和恵さんが結婚のためABC社を3月31日に退社します。

Best wishes for her welfare and success.
彼女の幸福と成功をお祈りしています。

訳　例

件名：村田孝の退職

　誠に残念なことですが、事業企画部マネージャーの村田孝さんが3月31日に退職されることをご通知致します。

　孝さんは1995年4月に事業企画部のオフィサーとしてXYZコーポレーションに入社し、1998年にマネージャーに昇格しました。

　孝さんは我々の年次事業企画のプロセスを再構築するのに非常に強いリーダーシップを発揮し、尽力してくれました。また、コーチング力に長け、同部の後進の育成に多大なる貢献をしてきました。我々は彼を惜しむことになるでしょう。

　孝さんのこれまでのXYZコーポレーションへの貢献を感謝し、今後のキャリア上の活躍を心よりお祈り申し上げたいと思います。

Point

　ほかの社員に当該社員の退職の事実を伝える文書です。これまでの業績を具体的に挙げてねぎらい、今後の活躍を祈ります。公表の許可を得ているのであれば退職後の予定なども記載します。

文例 100 新入社員に歓迎の意を伝える

Dear Ms. Emi Kurokawa:

On behalf of XYZ Corporation, I extend my cordial welcome to you. We are very excited to have you as a member of our company.

You will soon be receiving a memo from our personnel department officer regarding administrative details. Should you have any questions, please do not hesitate to contact me. Your new colleagues in Marketing will also be eager to help you.

We look forward to working with you.

Sincerely,

Useful expressions

We welcome you as a new member of our development team.
当社の開発チームの新メンバーとして歓迎します。

We are very happy to have you as our new manager.
あなたを新しい課長として迎えられてとてもうれしく思います。

Please feel at home and have a good time here.
どうぞ気を楽にしてここでの仕事を楽しんでください。

訳　例

黒川恵美様

　XYZコーポレーションを代表し、XYZコーポレーションへのご入社を歓迎致します。当社の仲間としてお迎えすることを大変感激しております。

　人事部のオフィサーより手続詳細についての連絡がすぐにあると思います。もしご質問などございましたら遠慮なく御連絡ください。新しく同僚となるマーケティング部門の者もお手伝いさせていただけることと思います。

　ご一緒に勤務させていただけることを楽しみにしております。

Point

堅苦しいビジネス文書ではなく、新しい仲間に対する歓迎の手紙として作成します。出社を心待ちにしていることや、サポートの体制があることなどを伝え、不安を解消するよう心がけます。

Column　注意したい男女差別表現③

"man" には、男性という意味のほかに、人や人類という意味もありますが、こちらもやはり最近の傾向にあわせて、manを使わない表現に変わってきています。

mankind, man → human beings, humankind, humanity（人類）
man-made → artificial, handmade, manufactured（人工の）
manpower → work power, human resource（労働力）
sportsmanship → fair play, sporting attitude（スポーツマンシップ）

文例 101 締め切りなどを思い出させる

Subject: Time report deadline

This is a friendly reminder that the deadline for your February time report is March 3.

If you have any questions regarding the procedure, please contact Alice Chan at ext. 1924.

Thank you.

訳 例

件名：タイムレポートの締め切り

　念のため2月分タイムレポートの締め切りが3月3日であることをお知らせします。

　何かご質問などございましたら、内線1924のアリス・チャンまでご連絡ください。

　宜しくお願い致します。

Point

　わかっていることを強く言うと、相手の感情を害することにもなりかねません。相手を責めたりせかしたりせず、最終期日や担当事項など必要な事実を簡潔に伝えるだけにとどめます。

Part 6

就職・転職に使う文書

文例 102 希望する企業に求職のメールを書く

Dear Sir or Madam:

I am writing to inquire about potential vacancies at Merchants Inc. I am particularly interested in a position in your Investor Relations Department.

My first encounter with Merchants Inc. was at the Economic Forum in July 1999 when then President Ken Peterson gave a speech about the importance of investor communication and disclosures. I happened to have studied corporate communication strategy in college, have pursued a career in a related area and am interested in joining you if at all possible.

I honestly believe I would be able to contribute to your IR work if given the chance.

I look forward to hearing from you.

Yasuko Iwashita

Useful expressions

I am going to graduate from Toshin University in March and I am looking for a job opportunity in your company.
都心大学を3月に卒業するので、御社での仕事を求めています。

I am wondering if you have an opening for a systems engineer.
システムエンジニアを募集していらっしゃいますか。

訳　例

拝啓

　マーチャント・インクで欠員の可能性がないかお伺いしたく、お便り申し上げております。インベスター・リレーション部に非常に興味を持っております。

　私が最初にマーチャント・インクと出会ったのは1999年7月の経済フォーラムにて、当時社長のケン・ピータース氏が投資家コミュニケーションとディスクロージャーの重要性についてのスピーチをされているのを拝見したときです。私はコミュニケーション戦略について大学で学び、その後のキャリアも関連分野で積んでまいりました。できれば御社に入社できないかと思っております。

　機会をいただければ、御社のIR業務に貢献できると心より信じております。

　お返事をお待ちしております。

敬具

岩下康子

Point

就職を希望する企業に、欠員がないかどうかをたずねる手紙を送るのも就職活動のひとつの方法です。求人広告に掲載されていない場合もあります。なぜその企業に興味があるのかを述べ、自分をアピールしましょう。欧米の企業は積極性を高く評価します。

文例 103 応募者に対して回答する

Dear Mr. Rogers:

Thank you for your interest in the want ad we posted in the newspaper for the position of Program Coordinator.

We are currently in the process of reviewing CVs received by the end of February, and our staff will be calling prospective candidates for interviews based on qualifications. Should we decide to interview you, we will contact you via phone in the coming two weeks.

Thank you again for your interest in XYZ Corporation.

Sincerely,

Useful expressions

Thank you for applying for the position of System Engineer.
システムエンジニアの職にご応募いただきありがとうございます。

We appreciate your interest in the advertisement. We are looking through the applications, and it will take a few more weeks to choose applicants.
広告にご応募いただきありがとうございます。現在書類選考中で、選考にさらに2、3週間かかると思います。

訳　例

ロジャース様

　私どものプログラムコーディネーター募集新聞広告に関心をもっていただきありがとうございました。

　現在、2月末までにご応募いただいた履歴書を拝見している最中ですが、必要経験をお持ちであると思われる候補の方々に係の者から面接願いの連絡をさせていただきます。貴殿に面接をお願いする場合には、2週間以内にご連絡申し上げます。

　XYZ Corporation へのご関心ありがとうございます。

Point

応募についての感謝を述べたあと、提出すべき書類の説明や説明会の開催予定、次のステップの日程など応募者に対する連絡事項を伝えます。最後に一言あいさつを加えると丁寧です。

Column　注意したい男女差別表現④

必要がない限り、その人の性別にはふれません。また、ビジネスの世界で人の容姿に言及するのは適切ではありません。

（例）
woman doctor → doctor（医者）
lady driver → driver（運転手）
charming receptionist → receptionist（受付係）
older woman → woman（女性）

Part 6　就職・転職に使う文書

文例 104 求職への返事をする

Dear Mr. Albertson:

Thank you for your email dated February 21 in which you applied for the position of GMAT tutor at MBA Institute.

Would you be able to make yourself available for a one-hour interview at 10:30 a.m. on February 28? Please confirm by replying to this email.

I look forward to seeing you soon.

Sincerely,

Masako Okamura
Human Resources Manager

Useful expressions

Thank you for responding to our advertisement. We would like you to come for an interview on June 12.
広告へ応募していただきありがとうございます。6月12日に面接をしたいと思います。

ABC is going to hold interviews as follows:
ABC社は下記の通り面接を行います。

訳　例

アルバートソン様

　21日付の電子メールでの、MBA InstituteのGMAT講師へのご応募ありがとうございました。

　2月28日に午前10時半より1時間の面接に起こしいただくことは可能でしょうか。出欠の有無はこの電子メールへの返信をもって確認させていただきます。

　お会いできることを楽しみにしています。

敬具

岡村雅子
人事部マネージャー

Point

　求職者への面接などの連絡は、面接の日時などをはっきりと書き入れましょう。また、相手からの返事は、メールでよいのか、あるいは他の通信手段がよいのかを書き入れると混乱がないでしょう。

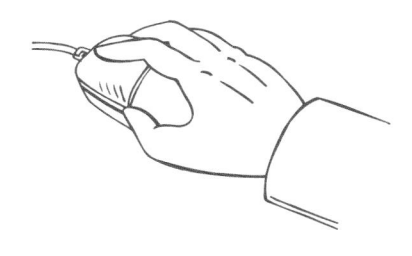

文例 105 フォローアップのお礼を述べる

Dear Mr. Payne:

Thank you very much for giving me the opportunity to come in for an interview.

I was fascinated by Rain Forest International's strong commitment to advancing technology to save tropical rain forests in the Southeast Asian countries. I hope to be able to join you and to start contributing to your cause with my strong background in tropical ecosystems.

I look forward to hearing from you soon.

Respectfully yours,

Yoichi Sakakibara

Useful expressions

Thank you very much for your letter about the interview. Friday would be fine with me. I look forward to seeing you soon.
面接に関しての通知ありがとうございました。金曜日でしたらお伺いできます。お目にかかれることを楽しみにしています。

It was my great pleasure to see you yesterday. I hope I will be able to work with you in the near future.
昨日お目にかかれて光栄でした。近い将来一緒に働くことができますよう願っております。

訳　例

ペイン様

　面接の機会をいただき誠にありがとうございました。

　レイン・フォレスト・インターナショナルが東南アジア諸国の熱帯雨林を救うための科学の発展に対し、強く献身していることにつき非常に感銘を受けました。ぜひ御社に入社し、熱帯地域のエコシステムでの深い経験を活かして、御社の目標に貢献したいと思っております。

　お返事お待ちしております。

　榊原陽一

Point

　就職を希望する企業から面接の機会を与えてもらった後や、面接などの連絡をもらった後は、お礼を述べるメールを速やかに送ると、印象が良くなるでしょう。

Column　注意したい男女差別表現⑤

相手が男性と決め込んだかのような表現に気をつけましょう。
presidents and their wives（社長とその夫人）
→ presidents and their spouses（社長とその配偶者）
成人女性に対し、girl（女の子）を使うのも禁物といえます。
the girls in the customer center（お客様センターのうちの女の子たち）
→ the employees in the customer center（お客様センターの当社社員）

文例 106 応募を断る

Dear Mr. Hamilton:

Thank you for considering the position of accounting manager. It was our pleasure to meet you at our interview last Thursday.

This is to inform you that we are unfortunately unable to offer you employment at XYZ Corporation at this time. After careful review, we have determined that your qualifications, while impressive, are not best suited to the position. We will, however, keep your CV for future openings.

We appreciate your interest in XYZ Corporation and wish you all the best in your career search and beyond.

Yours sincerely,

Useful expressions

We regret to inform you that you were not selected for interviews.
大変残念ですが、貴殿が面接予定者に入らなかったことを通知いたします。

Regrettably, we cannot offer you the position. We wish you good luck in your job search.
残念ながら、採用は見送らせていただきます。就職活動のご健闘をお祈りしています。

Unfortunately, we are unable to find a suitable position for you.
残念ですが、貴殿に適当な席を見つけることができません。

訳　例

ハミルトン様

　アカウンティングマネジャー職へのご関心ありがとうございました。また、先週木曜日のインタビューでお会いできましたことを光栄に思います。

　残念ながら今回は、XYZ コーポレーションにおいて採用させていただくことができない旨、ご通知させていただくことになりました。貴殿のご経歴はすばらしいのですが、私どもの職に最も適しているとはいえないと判断致しました。しかしながら、将来の機会のために、貴殿の履歴書は保管させていただこうと思います。

　XYZ コーポレーションへご関心をお寄せいただきありがとうございました。貴殿の就職活動の成功とその後のご活躍を心より祈念致します。

Point

応募への感謝は必要ですが、断りの旨は明確に示します。その理由もきちんと伝えておくほうが、相手にとって有益になるでしょう。最後は激励の言葉を述べるなどして明るく文章を結びます。

文例 107 採用通知をする

Dear Mr. Bernstein:

We are pleased to offer you employment at XYZ Corporation (hereinafter called "the Company") on the terms and conditions described in this letter.

Upon joining the Company, you will work as an Assistant Coordinator in the Marketing Section for the Consumer Product Group.

Your gross starting annual base salary will be 5,000,000 yen. As each employee's annual salary is determined based upon the employee's ability and expected performance against business objectives, this will be reviewed and revised annually. You will be eligible for a discretionary incentive bonus. A target bonus, if objectives are met satisfactorily, will be in the area of 2,000,000 yen annualized. You are entitled to ten paid vacation days a year and benefit plans as stipulated in our Rules of Employment.

Your period of probationary employment will be three months from the date of commencement. This provides the Company a specific time to evaluate your overall job performance and decide whether or not to hire you as a regular employee. At the end of the period, you should expect a meeting with your line manager.

Please express your agreement by signing and returning to the Company's Human Resource Division the acknowledgement copy attached herewith by February 20.

We look forward to your joining XYZ Corporation and your successful career with us.

Yours sincerely,

訳　例

バーンスタイン様

　XYZ Corporation（以下「弊社」）における以下の条件に基づく採用を決定致しましたので謹んでご通知致します。

　入社されると、コンスーマー・プロダクト・グループ内のマーケティング部門のアシスタント・コーディネーターとして職務を遂行していただきます。

　初年俸は500万円です。個々の従業員の年俸はその従業員の能力とビジネスの目的に対する期待成果によって決定されるため、毎年見直し更改致します。任意で支払われるインセンティブ・ボーナスを受け取ることも可能です。期待成果が達成されると、だいたい年間200万円程度になるというのが目安になります。就業規則に規定されているように、有給休暇は年に10日間利用する権利があります。

　雇用開始日から起算して3か月間は試用期間となります。この期間内に弊社では貴殿の就業状況を査定させていただき、正式な社員として雇用するかどうかの決定を致します。この試用期間後に上司とのミーティングがありますのでご確認ください。

　ご同意いただけるようであれば、以下の添付コピーに署名し、2月20日までに弊社人事部に返送ください。

　XYZ Corporationへの入社、そして弊社における貴殿の成功を心待ちにしております。

Point

　通知ではまず「採用」であることをはっきりと伝えるようにします。給与や出社日などおもな雇用条件を記載し、歓迎と今後の活躍を期待する旨を伝えましょう。詳細な雇用条件は契約書やハンドブックなどに記載して別添したほうが正確に伝わります。

文例 108 カバーレターを書く

Dear Ms. Smith:

I am writing in response to the advertisement you placed for the position of day care assistant in the January 25 issue of Nursing Care Weekly.

I received an M.A. in nursing and social welfare from the University of North Carolina and have worked as a social worker at Centennial Hospital in Chicago for three years, taking care of chronically ill and physically challenged seniors. My love of caring for the elderly began early on in my life, and I pursued academic training to prepare myself to contribute to the well-being of seniors professionally. I believe both my expertise and experience will be useful in your institution.

Enclosed please find my resume with a copy of my diploma.

I look forward to hearing from you and the opportunity for an interview.

Sincerely yours,

Mayumi Kunitachi

Useful expressions

I would like to apply for the position of computer programmer.
コンピュータプログロマーの職に応募します。

I would appreciate it if you would give me an opportunity for an interview.
面接の機会を与えていただければ幸いです。

訳　例

スミス様

　1月25日号 Nursing Care Weekly に掲載されていたデイケアアシスタントの求人広告について御連絡申し上げております。

　私はノースカロライナ大学で看護学と福祉の修士課程を修了し、シカゴのセンテニアル病院にて3年間ソーシャルワーカーとして働き、長期療養中の高齢者、障害を持つ高齢者のお世話をしておりました。私は若い頃からお年寄りのお世話をするのが好きで、職業として高齢者の生活改善をしていくために学業を修めてまいりました。私の専門知識と経験の双方で、御病院にてお役に立てるのではないかと思っております。

　履歴書と卒業証明書のコピーを同封致しました。

　お返事いただけること、そして面接の機会をいただけることをお待ちしております。

敬具

国立真弓

Point

カバーレターは、レジュメ（履歴書）を送る際に一緒に同封する手紙のことで、日本の添え状にあたります。レジュメを送る動機を書き、担当者がレジュメを読んでみたいと思うように自分をアピールしましょう。

文例 109 履歴書を書く

Akemi Tanaka
Address: 5-8-12 Daizawa, Setagaya-ku, Tokyo 155-0032
Phone: 03-3415-2778; Fax: 03-3415-3213
E-mail: atanaka@nifty.com

Objective
To be a corporate planning officer at a global retail merchandiser where my expertise in strategy building for numerous global corporations as part of consulting projects as well as experience in multi-cultural environments would come into use

Professional experience
April 2000 to present: Manager, Eclipse Consulting, Minato-ku, Tokyo
Managed multiple strategy building projects which include helping a major Japanese conglomerate to build a new business through M&A and ran a diagnosis for a retail banking division of a major Japanese financial institution, determining a set of strategic directions for it

April 1995 to March 1999:
Loan officer, UBA Bank, Chiyoda-ku, Tokyo
Managed syndicated loan accounts for the bank's Kanto operations

Professional training
August 2001: Compact MBA
A fast-track, mid-career course in advanced finance with a focus on valuation

Academic qualification

April 1995 to March 1999:

Bachelor's of Arts in Economics, Minato University

Graduated with honors

Languages

Japanese (native); English (fluent); German (conversational ability)

References provided upon request

As of January 15, 2011

訳　例

田中　朱美
住所：〒155-0032 東京都世田谷区代沢5-8-12
電話：03-3415-2778　Fax：03-3415-3213
E-mail：atanaka@nifty.com

求職目的

　グローバル小売企業の企画部ポジションを希望。様々なグローバル企業向け戦略立案コンサルティングプロジェクトにての経験、そして多文化環境での経験が生かせる就職機会を求めています。

職務経験

2000年4月から現在：　　　　エクリプスコンサルティングマネージャー、東京都港区
　　　　　　　　　　　　　様々な戦略立案プロジェクトマネジメントを担う。大手の日系多角

	企業に向けたM&Aを通じた新規事業の構築、大手金融機関のリテール部門向け事業診断と戦略的方向性の見極めなどに従事
1995年4月から1999年3月：	UBA銀行　融資担当オフィサー、東京都千代田区 関東エリアのシンジケートローンのアカウントマネジメントに従事

職務研修など

2001年8月：	コンパクトMBA 短期・中堅キャリア向けの上級ファイナンスコースを受講。企業価値分析が専門

学歴

1995年4月から1999年3月：	湊大学経済学部　学士 優等過程終了

言語能力

   日本語（ネイティブ）
   英語（ビジネスに支障なく流暢）
   ドイツ語（会話程度）

照会先はリクエストに応じてお伝えいたします

2011年1月15日現在

Column　履歴書に記載しないほうがよい内容とは

　日本式の履歴書と比較して、明らかに違う点として挙げられるのが写真と印鑑です。アメリカでは差別防止の一環として企業が求職者に写真の提出を求めることを禁じていますから、貼付の必要がないのです。ただし、アメリカ以外の企業では写真を求めるところもありますので応募要領に従ってください。
　一方、印鑑は日本など一部の国特有の慣習です。欧米の国では通常、署名が印鑑の役割を果たします。
　また、記載しないほうがよい内容として、①自分が不利になるような情報、②給与の希望などがあります。

①自分が不利になるような情報について
　日本人はとかく「ありのままを正直に」書くことを美徳としがちですが、英文履歴書は「採用してもらいたい」という熱意を伝えるための文書であり、企業のほうもそれを十分承知していますから、あえて不利になるような情報を書く必要はありません。
　たとえば数多く転職していることや、リストラにあって前の職場を辞めたといった事情などは、がまんがきかない、能力がないという印象を与えてしまいますから、省略してもよいでしょう。

②給与の希望について
　就職先の選択において給与の額は重要なポイントであり、求人広告に「給与の希望があれば書いてください」などと記載している企業もあります。しかし、一方的に希望の給与額などを書いてしまうと、その範囲にあてはまらないという理由だけで書類選考からはずされるということにもなりかねません。どうしてもその金額以上でなければ就職したくないというならばともかく、相談の余地があるならば記載は避けたほうがよいでしょう。

● **編著者略歴**

永田　浩子（ながた　ひろこ）
長野県生まれ。ワシントン大学卒業。信州大学大学院修了（言語文化専攻・修士）。元信州大学非常勤講師。翻訳者として翻訳書を出版。結婚後、フリーで翻訳、ビジネス書籍の出版に携わる。翻訳書に「本当に好きなことをして暮らしたい！」、「心理学者の書いたデート２回で相手を見抜く法」（ともにVOICE出版）がある。

須賀　亜衣子（すが　あいこ）
東京都出身。カリフォルニア大学バークレー校政治科学・経済学科卒業。米国でNPO、日系企業支店勤務後、東京大学法学部学士編入・卒業。98年マッキンゼー・アンド・カンパニー入社、金融・製薬・製造業など日米欧亜の様々なプロジェクトに従事。
05年新生銀行入社、子会社アプラス常務執行役員・CMOを経て、09年新生銀行金融インフラ部門長在職。

● **英文監修**

有賀　メアリー（あるが　めありー）
アメリカ合衆国ニューヨーク州で育ち、1973年、留学生として来日。国際基督教大学語学部、英国国立シェフィールド大学大学院、日本研究を専攻して卒業。現在、信州大学、信州豊南短期大学、諏訪東京理科大学、非常勤講師として学生に英語でのコミュニケーションの面白さを伝えようとしている。

そのまま使える
英文ビジネス文書の書き方と活用文例セレクト109

2011年3月10日　第１刷発行

編著者	永田浩子（ながたひろこ）
英文監修	有賀メアリー（あるが）
発行者	前田俊秀
発行所	株式会社三修社
	〒150-0001　東京都渋谷区神宮前2-2-22
	TEL　03-3405-4511　FAX　03-3405-4522
	振替　00190-9-72758
	http://www.sanshusha.co.jp
	編集担当　北村英治
印刷・製本	広研印刷株式会社

©2011 H.Nagata & M.Aruga Printed in Japan
ISBN978-4-384-04388-4 C2082

®（日本複写センター委託出版物）
本書を無断で複写複製（コピー）することは、著作権法上の例外を除き、禁じられています。本書をコピーされる場合は事前に日本複写センター（JRRC）の許諾を受けてください。
JRRC（http://www.jrrc.or.jp　e-mail：info@jrrc.or.jp　電話：03-3401-2382）